ネイティブ流
シンプル英語

have

日常・旅先・メール・SNS

give

英語 ネイティブが使うのは たった 15動詞！

go

デイビッド・セイン
David Thayne

help

come

take

中学でおなじみの
「たった15動詞」で
なんとかなる！

　英会話の基本は「動詞」です。「主語＋動詞」が基本で、あとはその応用と言っても過言ではありません。

　そう、英語は動詞がなければ始まらないのです！

　しかも、むずかしい動詞ではなく、この本で紹介している「たった15の基本動詞」で、ネイティブは日常英会話を、ほぼまかなっています。

　その「たった15動詞」とは、以下です。

make	have	go
get	give	take
see	come	try
work	put	help
run	play	ask

このラインナップを見て、何か気づきませんか？

すべて中学1年生で習うような、基本動詞です。今は小学校から英語教育が始まっているので、小学生にもすでにおなじみかもしれません。

たとえば、**get** といえば「手に入れる」、というイメージがありますよね？

それはその通りです。

ただし、**get** には他にも便利な意味がたくさんあり、いろんな使い方ができます。抜群に使い勝手がいいのです。

会話で「わかりましたか？」と聞く時、

Did you understand it?

ではなく、ネイティブはほぼ、

Did you get it?

です。

返事もほぼ、

OK, I understood.

ではなく、

OK, I got it.

です。

ネイティブは、get をはじめとするこれら **「15動詞」** を毎日使いまくっています。

いろいろな意味や使い方ができるので、便利すぎて、とても手放せません。

☑ コアイメージをつかめば簡単!

「そんなにたくさん意味があるんじゃ、覚えられないよ」と思うかもしれませんね?

でも、大丈夫です。安心してください。

まず、その動詞がどういう動詞なのか、イメージをつかんでしまいましょう。

たとえば、make といえば「作る」ですが、他に「(人や考えを)変化させる」「行動する」といった意味で使われます。

共通するのは、

「ゼロから何かを作り出す・生み出すのではなく、すでにある素材に手を加えて形や行動、状態などを『作る』」

というイメージです。

これが、私が皆さんにぜひ覚えていただきたい**「makeのコアイメージ」**です。木で言えば「幹」ですね。

このコア、幹から派生・発展して、さまざまな意味で使われているわけです。

この「コアイメージ」をつかめば、

「なるほど、makeってこういう動詞なんだな」

と、血の通ったものとしてとらえられるようになります。

そうなると、make が持つ意味(木で言えば「葉」)を一つひとつ暗記しなくても自然に頭に入ってくるようになります。

逆に言えば、コアイメージをつかめていないのに、あれこれ覚えようとしても無理というものです。

☑ 「5つの意味」で、コアイメージをつかめる！

では、コアイメージをどうやってつかめばいいか。

本文で、それぞれの動詞のコアイメージを説明しました。

それに加えて、
「この動詞が持っているたくさんの意味・使い方のうち、これを知っておくとコアイメージをつかみやすい。makeについて理解しやすい」
という「意味」を、紹介しました。

makeを辞書で引くと、いくつもの意味が載っています。とても全部は覚えられませんよね。

この本では、コアイメージをつかんでいただくために、15動詞それぞれについて、最大「5つ」までに絞って意味・使い方を紹介しています（takeのみ6つ紹介）。

これまでは「作る」しか知らなかったとしても、まずはこれらの意味から学べば、makeという動詞をグッとイメージしやすくなるはずです。

そして、それらの「5つの意味」のうち、ネイティブがよく使うフレーズとしてぜひ紹介したいものを、例文ページで取り上げました。

さらに、「5つの意味」には含まれない意味であっても、「これも言えると英語の世界がグッと広がる」というおすすめフレーズを「応用編」として紹介しました。ネイティブがよく使う表現です。

どれも今日から実践で使えるフレーズです。

ぜひ実際にご自身で何度も言ってみて、自分のものとしてください。

☑「語彙力＝英語力」ではありません

ひと昔前、「とにかく語彙数が大事」と言われ、単語をひたすら暗記した人も多いと思います。

今でも「難関大学受験には1万単語が必要」なんて言われていますよね？

しかしネイティブは、そんな単語帳を見ると、驚いてしまいます。まず日常会話では使わない単語がたくさん並んでいるからです。

論文などを別にすれば、ネイティブはとにかく「簡単な表現」を好みます。「簡単に表現できれば、ネイティブ英語に近くなる」と言っても間違いではないでしょう。

「英語力」とは、英語を使った表現力です。膨大な語彙力があっても、それを使って表現できなければ「英語力がある」とは言えません。

逆に、簡単な単語でさまざまに表現できれば、「英語力がある」と言えます。

「語彙力＝英語力」ではないのです。

大好きな日本に来て40年、いま私が一番皆さんにお伝えしたいのが、「表現力に直結する学びをしましょう！」ということです。
　そのためにもっとも効率が良いのが、ネイティブが毎日ひんぱんに使っている「15動詞」をマスターしてしまうことなんです。

この本で紹介する15動詞さえマスターすれば、日常生活ではほぼ困ることのない表現力が身につきます。

　コアイメージをつかんで、むずかしい単語を使わず、あらゆることを簡単な動詞で言えるようになれば、しめたものです。
　英語で話したり書いたり、SNSでやりとりしたり、海外ドラマや映画を観るのが楽しくてたまらなくなるでしょう。
　そして、自分が話したり書いたりした英語が相手に通じる喜びを、存分に味わえるようになるはずです。

　では始めましょう！

デイビッド・セイン

Contents

📖 この本の使い方

Part 1

☑ コアイメージ

その動詞をひとことで言うとこ
れ！ という説明です。❶

☑ イメージしやすい意味

「この動詞が持っているたくさ
んの意味・使い方のうち、これ
を知っておくとコアイメージを
つかみやすい」というものを、
最大で5つ（takeのみ6つ）紹介
しました。❷

☑ フレーズ例

「イメージしやすい意味」それぞ
れのフレーズ例です。❸
「5つの意味」には含まれないも
のでも、ネイティブがよく使う
表現を「応用編」として紹介しま
した。❹
コアイメージをつかんだうえ
で、これらのフレーズを実践で
使うと、どんどん「15動詞」を使
いこなせるようになります。

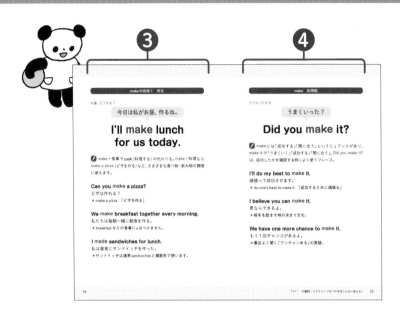

make の意味① 作る

お昼、どうする？

今日は私がお昼、作るね。

I'll make lunch for us today.

✔ make＋食事でcook（料理する）の代わりも。make＋料理なら make a pizza（ピザを作る）など、さまざまな食べ物・飲み物の調理に使えます。

Can you make a pizza?
ピザは作れる？
＊ make a pizza 「ピザを作る」

We make breakfast together every morning.
私たちは毎朝一緒に朝食を作る。
＊ breakfast などの食事には a をつけません。

I made sandwiches for lunch.
私は昼食にサンドイッチを作った。
＊ サンドイッチは通常 sandwiches と複数形で使います。

make 応用編

どうなったかな

うまくいった？

Did you make it?

✔ make には「成功する」「間に合う」というニュアンスがあり、make it で「うまくいく」「成功する」「間に合う」。Did you make it? は、成功したかを確認する時によく使うフレーズ。

I'll do my best to make it.
頑張って成功させます。
＊ do one's best to make it 「成功するために頑張る」

I believe you can make it.
君ならできるよ。
＊ 相手を励ます時の決まり文句。

We have one more chance to make it.
もう1回チャンスがある。
＊ 最近よく聞く「ワンチャンある」の英語。

Part 2

15動詞がランダムに登場する会話例です。
ネイティブはこんなふうに使っています。
実際のやりとりから、動詞のイメージをより深く理解できるようになりますよ。
ぜひ、実践で言ってみましょう！

パーティーに誘う

Can you come to the party?
パーティーに来てくれる？

Sure, what time is it?
もちろん、何時だっけ!?

It starts at 7 PM.
7時に始まるよ。

Great, see you then!
いいね、じゃあその時に！

Looking forward to it!
楽しみにしてるよ！

Me too, it's going to be fun!
私も、楽しいだろうね！

＊ it's going to be 「〜だろうな」

148

11

最強！15動詞一覧

make

（元になる材料に手を加えて）
作る、変える、行動をおこす、影響を与える

ゼロから何かを作り出す・生み出すのではなく、すでにある素材に手を加えて形や行動、状態などを「作る」時に。

have

（幅広くさまざまなものを）
持つ、経験する、身につける

ものだけでなく、家族やペット、時間、問題、才能などが「ある」、また「飲食する」「時を過ごす」など「経験する」時にも。

go

（出発点から）
離れて行く、進行する、向かう

出発点から、何らかの目的で他へ「行く」「向かう」「進行する」「移動する」。だんだん離れて行くイメージです。

get

手に入れる、〜する

「ゲットする」は、すでに日本語でもおなじみ。主に「受け取る」「手に入れる」ですが、「何かを引き起こす」ニュアンスも。

give

与える、渡す、出す

「自分から何かを出して、人に与える・渡す」動作をイメージしましょう。プレゼントだけでなく、飲食物やイベント、情報、手助けなど、さまざまなものを渡す時に使えます。

take
取る、つかむ、持っていく

手で何かを「取る・つかまえる」動作、手で何かを「持っていく（持って遠くに行く）」時に。手につかんで何かをするイメージです。

see
見る、わかる

意識せずに情報が目に入ってくる、「見える」のイメージ。そこから「会う」「調べる」「わかる」といった意味でも使います。

come
来る、届く、現れる

話し手の方へ「来る」と言う時に使う動詞。視野に入って「来る」イメージ。そこから「（見える場所に）到達する」、「見えてくる」→「現れる」となります。

try
ためしてみる、やってみる

気軽にいろいろ「挑戦してみる」「やってみる」時に使うのがtry。「試しにやってみる」というニュアンスがあり、「試食する」「試用する」という意味でも使われます。

work
働く、動く、作用する

名詞「仕事」でおなじみ。動詞の場合「働く」の他に「動かす」「働きかける」など、他に影響を与える意味があります。

put

置く、位置させる、~させる

「置く」だけと思ったら大間違い！「位置させる」動作から、立場や状態・関係に「置く」、「仕向ける」「動かす」、「つなぐ」「つける」など、前置詞や副詞、目的語によりバラエティに富んだ意味になります。

help

助ける、手伝う、促進する

「助ける」「手伝う」はおなじみ。「(物事を)促進する」「(飲食物を)すすめる」など、英語ならではの意味も。

run

走る、動く、流れる

runといえば「走る」。ある方向への連続した速い動きを表します。「(川が)流れる」「(乗り物が)運行する」「(機械が)動作する」「(実験を)行う」「運営する」など幅広く使えます。

play

遊ぶ、演奏する、やる

おもに行動や活動を表します。「(ゲームやスポーツなどを)遊ぶ・行う」「(楽器を)演奏する」、「(イベントなどに)参加する」「(動作などを)まねる・表現する」など、目的のために行動するイメージです。

ask

たずねる、依頼する、頼む

言葉を使って何かをたずねたり、頼む時に使うのがask。質問、道をたずねる、助言を頼む、人を招待する、代金を請求するなど、人とのさまざまなやり取りで活躍します。

Part 1

15動詞…
コアイメージを
つかめば
こんなに使える！

【1】

make

コアイメージ （元になる材料に手を加えて）
作る、変える、行動をおこす、影響を与える

ゼロから何かを作り出す・生み出すのではなく、すでにある素材に手を加えて形や行動、状態などを「作る」時に。

イメージしやすい意味 ① **作る**

make a meal　食事を作る
make furniture　家具を作る

「（形あるものを）作る」は、おなじみですね。
make a fire（火をおこす）、make money（お金を稼ぐ）なども、燃料や素材から何かを「作る」ことを表します。この「作る」イメージを、ものだけでなくさまざまなものに応用できるのが、make の使い勝手の良さ。

イメージしやすい意味 ②（人や考えを）変化させる

make someone cry　（人を）泣かせる
make a change of opinion　意見を変える
影響を与えたり変化させる時にも。「泣かせる」は、「人を泣く状態に変化させる」と考えましょう。

イメージしやすい意味 ③（状態を）作り出す、変化させる

make success　成功する　　make trouble　問題を起こす
「成功（する状況）を作り出す」→「成功する」など、さまざまな状況をつくり出す、変化させる時にも。

イメージしやすい意味 ④ 行動する

make a suggestion　提案する
make a choice　選ぶ・選択する
「提案をつくる」→「提案する」、「選択を作る」→「選択する」など、自分の意思で行動するイメージ。

　「make＝作る」しか知らないと、「（人を）泣かせた」と言いたい時にmake が出てきません。さまざまなものに手を加えて何かを作り上げる時に広く使えるのがmake です。

お昼、どうする？

今日は私がお昼、作るね。

I'll make lunch for us today.

⚡ make＋食事でcook（料理する）の代わりも。make＋料理なら make a pizza（ピザを作る）など、さまざまな食べ物・飲み物の調理 に使えます。

Can you make a pizza?

ピザは作れる？

＊make a pizza 「ピザを作る」

We make breakfast together every morning.

私たちは毎朝一緒に朝食を作る。

＊breakfast などの食事にa はつけません。

I made sandwiches for lunch.

私は昼食にサンドイッチを作った。

＊サンドイッチは通常sandwiches と複数形で使います。

「イベントで何をするの？」と聞かれて

イベントでスピーチをします。

I'll make a speech at the event.

⚡ make は、手で作る大きさのものだけでなく、食事、文章、建物、映像など、さまざまな物を作り出す時に使えます。

Bob made a video for his YouTube channel.

ボブは YouTube にアップする動画を作った。

＊ make a video 「動画を作る」

He made some blog posts on his website.

彼は自分のサイトでブログ記事を作った。

＊ make blog posts 「ブログ記事を作る」

We're going to make renovations to our office.

私たちはオフィスを改装する予定です。

＊ make renovations 「改装する」

「晩ご飯は何？」と聞かれて

残り物で夕食を作った。

I made dinner from leftovers.

🔖 make from ... は原料を加工・変形する時に、make of ... は加工・変形なしに作られるものに。元の素材の姿が残っているかで使い分けましょう。

She made a cake from scratch.
彼女はケーキをゼロから作った。
＊ make ... from scratch 「～をゼロから作る」

The house is made of bricks.
その家はレンガで作られている。
＊ブロックそのままの仕上がりなのでmake ofを使います。

The necklace is made of gold.
そのネックレスは金でできている。
＊ be made of ... で「～で作られている」「～製だ」。

イヤなことを言う人に

泣かせないで。

Don't make me cry.

✏️ make＋人＋動詞で「〜を〜させる」と知っていれば、make me cryがスッと出てきます。

That movie always makes me cry.

その映画はいつ観ても泣ける。

＊直訳だと「その映画はつねに私を泣かせる」ですね。

Sam made us laugh.

サムは私たちを笑わせた。

＊ make us laugh 「笑わせる」

The surprise made them scream.

そのサプライズで彼らは叫び声を上げた。

＊ scream で「叫び声を上げる」。

1時間は何分？

1時間は60分だよ。

Sixty minutes make an hour.

make an hour で「1時間になる」、make a friendなら「友達になる」など、「状態を作り出す」時に幅広く使えます。

Two and three makes five.

2と3で5になる。

＊A and B makes ... 「AたすBは〜になる」

He made a new record for the 100 meters.

彼は100メートルで新記録を出したよ。

＊make a new record 「新記録を作る」→「新記録を出す」

They made a good team.

彼らは良いチームになったね。

＊make a good team 「良いチームになる」

努力はイヤ！という人に

> 努力が成功をもたらす。

Hard work can make success.

❗ make success で「成功を作り上げる」→「成功する」。「make＋状態を表す語」でさまざまな変化を言えます。

Innovation can make success.
革新は成功を生む。
＊ make success（成功する）は格言でよく使われるフレーズ。

Beth's behavior made trouble at work.
ベスの行動が職場でトラブルになった。
＊ make trouble 「トラブルになる」

Let's make progress together.
一緒に進んでいこう。
＊ make progress 「進む」

もうすぐ連休

バカンスのプランを立てよう。

Let's make a plan for our vacation.

✏️ make a mistake「間違える」、make a call「電話する」など「make a＋動作を表す名前」で行動を表せます。

I made a mistake in the calculation.
計算を間違えた。
＊make a mistake　「間違える」

It's time to make a decision.
決断する時だね。
＊make a decision　「決断を下す」

I'll make a call to confirm the reservation.
予約確認の電話をします。
＊make a call　「電話をする」

どうなったかな

うまくいった？

Did you make it?

📝 makeには「成功する」「間に合う」というニュアンスがあり、make itで「うまくいく」「成功する」「間に合う」。Did you make it?は、成功したかを確認する時によく使うフレーズ。

I'll do my best to make it.
頑張って成功させます。
＊do one's best to make it　「成功するために頑張る」

I believe you can make it.
君ならできるよ。
＊相手を励ます時の決まり文句。

We have one more chance to make it.
もう1回チャンスがあるよ。
＊最近よく聞く「ワンチャンある」の英語。

【2】

have

コア
イメージ
（幅広くさまざまなものを）持つ、経験する、
身につける

ものだけでなく、家族やペット、時間、問題、才能など
が「ある」、また「飲食する」「時を過ごす」など「経験す
る」時にも。

イメージしやすい意味 ① （手に）持つ・持っている

have a pen　ペンを持っている
have a phone　電話を持っている
基本は、何かものを「持っている」ことを言う時に使います。

`イメージしやすい意味` ② 持っている、ある

have a class　授業がある
have money　お金を持っている
手に持てるものだけでなく、さまざまなものを「持っている」「ある」時にも。

`イメージしやすい意味` ③ (家族、ペットなどが)いる

have a child　子供がいる
have a cat　ネコを飼っている
「家族(ペット)を持っている」→「いる」とイメージしましょう。

`イメージしやすい意味` ④ 時を過ごす、経験する

have time　時間がある　　　have trouble　苦労する
形のないものを「持つ」時も。
have a good timeで「良い時を持つ」→「楽しむ」。

`イメージしやすい意味` ⑤ 飲む、食べる

have coffee　コーヒーを飲む
have lunch　ランチをとる
「(飲食物を)持つ」→「飲む」「食べる」。
会話では eat や drink より、have が一般的！

ものだけでなく、形のない経験や時間にも使えます。
have が持つ幅広いイメージを使いこなしましょう！

「彼女、どうしたの？」と聞かれて

（彼女は）頭が痛いんだって。

She has a headache.

体の特徴や特質、能力、症状などを「持っている」時にも、have が使えます。have a cold「風邪をひいている」、have long hair「長い髪をしている」など、「体の状態は have で表せる！」と覚えておくと便利です。

Jane has brown eyes.
ジェーンは茶色い目をしている。
＊ have ＋体の特徴　「～を持っている」

Kent has natural talent.
ケントには持って生まれた才能がある。
＊ have a natural talent　「天賦の才がある」

The president has a wonderful voice.
社長は素晴らしい声をしている。

会議の最後に

何か質問はありますか？

Do you have any questions?

💡 have a question（質問がある）、have a problem（問題を抱えている）など、何かしらの問題が「ある・抱えている」時も、have が使えます。考えなどを「心に抱いている」→「持っている」とイメージしましょう。

We had a problem.
私たちは問題を抱えていた。
* have a problem　「問題を抱えている」

They had an argument.
彼らは口論になった。
* have an argument　「口論になる」

Tom and Jerry had a fight yesterday.
トムとジェリーは昨晩ケンカした。
* have a fight　「ケンカする」

自動販売機の前で

お金、ありますか？

Do you have any money with you?

🔔 日本人に一番なじみのある have といえば、「持っている」です。carry が「持ち運ぶ」というニュアンスなのに対し、have はお金や時間だけでなく、家や会社など、いわゆる「所有する」と表現される大きなものにも使うことができます。

Do you have time?

時間はありますか？

＊ have time 「時間がある」

Mike has a company.

マイクは会社を持っている。

＊ have a company 「会社を所有している」

I have a house in the country.

私は田舎に家を持っている。

＊ have a house 「持ち家がある」

ペットがいるかを聞かれて

> 私は犬を飼ってます。

I have a dog.

⚠️ own（所有する）と同じく have ＋人で「（関係のある人が）いる」、have ＋動物なら「（〜を）飼っている」と「所有している」ことに。「友人がいる」「ペットを飼っている」など、何か関係のある人や動物が「いる・ある」時は have で OK！

They have two daughters.

彼らには娘が二人いる。

＊ have ＋家族 　「（娘や息子、父母などが）いる」

I have an American friend.

私にはアメリカ人の友人がいる。

＊ have a friend 　「友人がいる」

She has a maid at her house.

彼女の家にはメイドがいる。

＊ have a ＋役職 　「（役職の人が）いる」

haveの意味⑤　飲む、食べる

来客に飲み物をすすめるなら

コーヒー、いかが？

Would you like to have some coffee?

✏️ 飲み物をすすめる時の定番表現。会話ではこのような時eatやdrinkではなく、haveを使います。「（飲食物を体内に）持つ」→「飲む・食べる」というイメージ。「have＋飲食物」がサラッと言えると「英語ができる風」に見えます！

Let's have lunch together tomorrow.
明日、一緒にランチを食べよう。
＊have lunch　「昼食をとる」

They had pizza for dinner last night.
彼らは昨晩ピザを食べた。
＊have＋料理・食べ物　「〜を食べる」

I'll have a cup of tea, please.
お茶を一杯お願いします。
＊have a cup of ...　「〜を一杯飲む・いただく」

have　応用編

打ち合わせの予定を決める時に

来週打ち合わせをしましょう。

Let's have a meeting next week.

✏️ have a meeting で「会議がある」ですが、パーティーやイベントなどを「開催する」も have で言えます。イベントなどの「場を持つ」イメージをふくらませるといいでしょう。

How about having a party at our house?

うちでパーティーをやるの、どうかな？

* have a party　「パーティーを開く」

She's having a picnic tomorrow.

彼女は明日、ピクニックに行く。

* have a picnic　「ピクニックに行く」

We had her birthday party yesterday.

昨日、彼女の誕生会を開いた。

* have a birthday party　「誕生会を開く」

「箱に何が入ってるの？」と聞かれて

その箱にはいくつかの物が入っている。

The box has several items.

❗ have は「ある」だけでなく、何か物が「入っている」「含まれている」ことも言うことができます。contain なんて高校で習うような難しい単語を使わなくても、have で OK！　さすが万能動詞です。

The drawer has pens.
その引き出しにはペンが入っています。
＊「中に入っている」イメージ。

The folder has documents.
そのフォルダには書類があります。
＊フォルダの中に「挟んでいる」もOK！

The recipe has ingredients.
そのレシピには材料が書かれています。
＊「中に書かれている」という意味に。

博物館で何をやっているか聞かれて

その博物館には古代の遺物が展示されている。

The museum has ancient artifacts.

> ⚠️ 「展示されている」「飾られている」の意味も have にはあります。「(博物館に)展示されている」→「(博物館に)ある」と考えると、イメージできますよね？　exhibit や display、show といった単語の代わりに使っちゃいましょう！

The gallery has photographs.

そのギャラリーには写真があります。

＊「展示されている」イメージ。

The store has merchandise.

店内に商品があります。

＊「ディスプレイされている」状況です。

The event has live performances.

そのイベントにはライブのパフォーマンスがある。

＊「見せ物がある」時も have で OK！

【3】

go

コアイメージ （出発点から）離れていく、進行する、向かう

出発点から、何らかの目的で他へ「行く」「向かう」「進行する」「移動する」。だんだん離れていくイメージです。

イメージしやすい意味 ① 行く、（〜しに）行く

go to work　仕事に行く　　go abroad　海外へ行く

go on a walk　散歩に行く　　go swimming　泳ぎに行く

もっとも一般的なのは「(出発点からどこかへ)行く」。

go to ... は、「(何らかの活動をするために)行く」。

go on ... や go for ... は「(ある目的で〜しに)行く」。

go＋動詞のing形は「(〜しに)行く」と、水泳やスキーなど具体的なことをしに行く時に。

イメージしやすい意味 ② 経過する、進み続ける

go by　経過する　　go on　経過する・続ける

Time goes by.（時は流れる）、Show must go on.（ショーは進み続ける）などの「進み続ける様子」。

イメージしやすい意味 ③ 他に渡る

go for ... dollars　　〜ドルで売られる

go to ...　　〜に贈られる

「売られる」「(賞などが)贈られる」「提出される」など、さまざまなものが他へ渡る状況も表します。

イメージしやすい意味 ④ (状態に)なる・変わる・始める

go bad　腐る・失敗する　　go to sleep　眠る

状態や行動の変化も表します。go mad（気が狂う）など go＋形容詞は、主に悪い状態になる時に。go to war なら「戦争を始める」。

go はスタート地点から目的地へと向かう「動き」を表します。
さまざまな動きのイメージをつかみましょう。

どこかへ誘う時に

金曜、パーティーに行こう。

Let's go to the party on Friday.

✏️ goといえば「行く」ですが、「〜しに行く」「〜に通う」など目的がある時は、go to ... やgo + ... ingに。またgo and see a doctor（医者に行く）は、会話ではよくgo see a doctorと省略されます。

Let's go find our seats.

席を探しに行こう。

＊go and findの省略形です。

Let's go swimming this weekend.

今週末は泳ぎに行こう。

＊go swimmingで「泳ぎに行く」。

Ted goes to work everyday.

テッドは毎日、仕事に行く。

＊go to work 「仕事に行く」「働きに行く」

乗り遅れそうな時

バスはもうすぐ出発です。

The bus is about to go.

❗ 犬に何かを取りに行くよう指示する時、Go! と言いますよね？まさにこのgoが「出発する」「動き出す」など、動作を始める時に使うgoです。start（始める）やdepart（出発する）と同じようなニュアンスでgoを使えます。

Ready, steady, go!

位置について、用意、ドン！

＊「行け！」「スタート！」と指示する時に。

It's time to go.

出発の時間だ。

＊「出かける時間だよ」という声かけにも。

The train will go from platform 3.

その列車は3番ホームから出発します。

＊乗り物が「出発する」もgoでOK！

進捗状況を伝える時に

プロジェクトは予定通りにはいかなかった。

The project didn't go as planned.

goの直線的に遠くへ行くイメージから、「進む」という意味でも使われます。距離的な「進む」だけでなく、物事や時間などさまざまなものが先に「進行する」ことも表せるので、proceedやcontinueのかわりに使えます。

He decided to go into medicine.
彼は医学の道に進むことを決意した。
＊go into medicine 「医学の道に進む」

The show will go on without the star.
スターなしでもショーは進む。
＊ショービジネスでよく使う言葉。

This train goes past Shinjuku.
この電車は新宿を通過します。
＊go past 「通り過ぎる」

長々と続いた時

会議は2時間にも及んだ。

The meeting went for two hours.

⚡ go は「進む」動作だけでなく、「続ける」「(時が)経つ」「(遠くへと)通じる」といった直線的な動きも表します。会議や時間、調子といった「本来は動きのないもの」を主語にできるので、ネイティブっぽい英語に聞こえますよ。

Let's go with the plan.

計画を続けよう。

＊励ましの言葉として使えます。

This bridge goes straight for two kilometers.

この橋は2キロにわたりまっすぐ続いている。

＊ go straight 「まっすぐ続く」

This road goes to Kyoto.

この道は京都に通じている。

＊ go to … 「〜に通じる」

うまくいっているか聞くなら

調子はどう？

How are things going?

📌 「（物事が）うまくいく」「調和する」「成功する」という前向きな
ニュアンスも、goにはあります。goのまっすぐ突き進むイメージ
がそのまま、良い結果になるのをイメージしましょう。

Go for it !
頑張れ！
＊応援する時の定番フレーズです。

This dress doesn't go with my shoes.
このドレスは私の靴に合わない。
＊ go with ...　「～と合う」

I'm going to go for a world record.
世界記録を狙うつもりだ。
＊ go for ...　「～を狙う」

「亡くなったよ」と言いたい時

彼女は安らかに眠りについた。

She went peacefully in her sleep.

❗ あまりにも遠くまで突き進み、ついには「なくなる」「消え失せる」「壊れる」といった意味にもなります。「安らかに眠りについた」とは、「静かに眠った」ではなく「亡くなった」という意味です。誤解しないように！

My sore throat is gone now.

喉の痛みはもうなくなった。

＊痛みなどが「遠くへ行き→なくなった」時は、... be gone を使いましょう。

My memory is going.

私は物忘れがひどい。

＊「記憶がどこかへ行ってしまっている」イメージ。

The old bridge is about to go any minute.

その古い橋は今にも壊れそうだ。

＊ about to go 「壊れそうだ」

エンスト？

エンジンがかからない。

The engine won't go.

❗ go には「作動する」「稼働する」という意味もあります。機械などが「動かない」時、どう言えばいいか困りますよね？　operate なんて単語はそうそう出てこないものですが、そんな時も go で OK です。

The machine is ready to go!
マシンは準備万端だ！
* ready to go で「準備万端」。

The system is set to go live tomorrow.
そのシステムは明日稼働予定だ。
* go live 「（システムなどが）稼働する」

The surgery went smoothly.
手術は順調に進んだ。
* go smoothly 「順調に進む」

おなかがすいたので

食べに行こう。

Let's go grab some food.

⚠️ grab は聞き慣れないかもしれませんが、実はネイティブがよく使う動詞で「(軽く)食べる・飲む」。そこから go and grab で「(軽食を)食べに行く」となり、会話だと go grab と省略されます。go＋飲食で「〜を食べに行く」です。

We can go for a quick bite.
ちょっと軽く食べに行けます。
* go for a quick bite 「ちょっと軽く食べに行く」

I usually go out for lunch.
私は通常、外でランチを食べます。
* go out for lunch 「外にランチを食べに行く」

I'm hungry, let's go eat.
お腹がすいた、食べに行こう。
* let's go eat は let's go and eat の短縮形。

get

コア
イメージ 手に入れる、～する

「ゲットする」は、すでに日本語。主に「受け取る」「手に入れる」ですが、「何かを引き起こす」ニュアンスも。

イメージしやすい意味 ① 手に入れる、得る、買う

get a good score　良い点を取る
get one's living　生活費を稼ぐ
get a job　仕事を見つける
get bread　パンを買う

「手に入れる」「得る」の意味も。「(点数・賞を)獲得する」「(お金を)

稼ぐ」「（知識を）得る」など何かを身につけるイメージもあります。また「（ものを）買う」「（タクシーを）見つける」など、他から「手に入れる」時にも。

イメージしやすい意味 ② もらう、受け取る

get a present　贈り物をもらう
get an answer　答えをもらう
形あるものだけでなく、「（返事や許可を）もらう」、「（給料を）もらう」などに使えます。

イメージしやすい意味 ③ わかる、つかまえる

get it　わかる　　get a train　電車に間に合う
「知識を手に入れる」→「わかる」、「乗り物をつかまえる」→「間に合う」という意味に。

イメージしやすい意味 ④ 達する、〜になる

get there　到着する　　get cold　寒くなる
あとに副詞や形容詞が続き、「〜になる」「（〜の状態に）至る」など、変化や動きも表します。

イメージしやすい意味 ⑤ 引き起こす、〜し始める

get going　動き出す、出かける
get started　スタートする、始める
後に進行形や過去分詞が続くと、「（〜し）始める」など、何かをスタートさせるニュアンスに。

　「手に入れる」から発展して、形のないものを身につけたり、何か動作をスタートさせる意味でも使われます。

知り合いの近況を聞かれて

彼女は仕事を得ようとしてる。

She's trying to get a job.

❗ get の1番のイメージは「手に入れる」。「つかむ」「つかまえる」という動作。簡単に手に入るものから、get a job（職を手に入れる）のように苦労して入手するものまで、さまざまなものに使えます。

He wants to get his driver's license.

彼は運転免許証を取りたがっている。

＊ get one's driver's license 「運転免許証を取る」

We got funding for the project.

我々はプロジェクトの資金を得た。

＊ get funding 「資金を得る」

We need to get the necessary permits.

必要な許可を取らなきゃ。

＊ get the necessary permits 「必要な許可をとる」

get の意味① 手に入れる、得る、買う

チケット、どうした？

コンサートのチケットを買い忘れた。

I forgot to get a ticket for the concert.

⚡「入手する」「手に入れる」は、転じて「購入する」「買う」にもなります。

I need to get a new laptop.
新しいノートパソコンを買わないと。
＊「ノートパソコン」は英語でlaptopが一般的。

Nancy got a new phone yesterday.
ナンシーは昨日新しい電話を買った。
＊「（買わずに人から）手に入れた」の意味かは、前後関係から判断します。

We got some groceries from the store.
店で食料品をいくらか買った。
＊gotのかわりにboughtやpurchasedも使えます。

「どうしたの？」と聞かれて

友達から電話があったんだ。

I got a call from my friend.

get は何かを「もらう」「受け取る」という意味でも使います。

I got a message from my sister.

姉から伝言をもらった。

＊ get a message 「伝言をもらう」

We got a package in the mail.

郵便で荷物を受け取った。

＊ get a package 「荷物を受け取る」

Ken got a gift from his parents.

ケンは両親から贈り物を受け取った。

＊ get a gift 「贈り物をもらう」

伝わったかな

わかった？

Did you get it?

⚔ get itは「それを手に入れる」→「それがわかる」→「理解する」という、ネイティブが非常によく使うフレーズ。getは物だけでなく、知識や情報などを「手に入れる」、つまり「理解する」という意味にもなります。

A: Got it?　　B: Got it.

A：わかった？　　B：わかった。

＊ネイティブがよくするやり取りです。

They presented the idea, did you get it?

彼らがアイデアを提案したけど、わかった？

＊ did you get it? と続けると「～、わかった？」。

I explained the instructions, got it?

やり方を説明したけど、わかった？

＊最後に、got it? で「わかった？」という確認に。

大事なイベントが控えている時に

病気になりたくないな。

I don't want to get sick.

🔔 「病気を手に入れる」→「病気になる (get sick)」、「体調が良くなる (get better)」といった「(状態などが) 〜になる」の意味でも使えます。

I hope you get better soon.

早く回復するといいね。

＊ get better　「良くなる」

I don't want to get mad.

怒りたくないよ。

＊ get mad　「怒る」

His condition started to get worse.

彼の状態が悪化し始めた。

＊ get worse　「悪化する」

寝る前に

明日は早く起きないと。

I need to get up early tomorrow.

❗ getには「〜する」「〜になる」という意味も。get up「起きる」、get off「降りる」、get in「乗り込む」など、後に続く言葉とセットでさまざまな動作を言えます！

Let's get on the bus now.
さあ、バスに乗ろう。
＊ get on ... 「〜に乗る」

She got off the train at the next station.
彼女は次の駅で電車を降りた。
＊ get off ... 「〜から降りる」

Mary got in the taxi to go to the airport.
メアリーは空港に行くためにタクシーに乗った。
＊ get in ... 「〜に乗る」

ぐずぐずしている同僚に

会議の準備をしてください。

Please get ready for the meeting.

⚠️ getには「〜し始める」と動作を引き起こすようなニュアンスも。get readyで「準備を引き起こす」→「準備する」。get startedなら「スタートを引き起こす」→「スタートする」。

Let's get started.
さあ、始めよう。
＊会議などを始める時の一言です。

Let's get going.
さあ、行こう。
＊「さあ、出発だ」「さあ、始めよう」という意味もあります。

Get ready for the party tonight.
今夜のパーティーの準備をしよう。
＊ get ready for ...　「〜の準備をする」

そろそろ支度をしないと

パーティーの服を着る時間だよ。

It's time to get dressed for the party.

⚠️ 「手に入れる」イメージが体全体に広がると、「身につける」という意味でも使えます。get dressedで「服を身につける」→「服を着る」、文脈によってはget changed「変える」→「服を着替える」。

He got changed before going out.

彼は外出する前に着替えた。

＊ get changed 「着替える」

I need to get dressed for the ceremony.

式典用の服を着ないと。

＊ get dressed for ... 「～用の服を着る」

Ted got changed into his workout gear.

テッドはワークアウトの服に着替えた。

＊ get changed into ... 「～に着替える」

【5】

give

コアイメージ 与える、渡す、出す

「自分から何かを出して、人に与える・渡す」動作をイメージしましょう。プレゼントだけでなく飲食物やイベント、情報、手助けなど、さまざまなものを渡す時に。

イメージしやすい意味 ① 与える、渡す、提供する、出す

give ... a present　〜にプレゼントをあげる

give ... the prize　〜に賞を与える

give me a coffee　コーヒーを出してもらう

give me the salt　塩をとってもらう

give といえば「与える」「渡す」。present（贈る）より気軽に何かを「あげる、渡す」ニュアンスで、「渡す」だけでなく、人に価値あるものを「与える、提供する」時にも使えます。飲食物を「出す」、物を

「引き渡す」、薬や治療などを「施す」など、何かを「渡す」時にも。

イメージしやすい意味 ② 提示する、示す

give a reason　理由を説明する
give an example　例を挙げる
「理由を説明する」「例を挙げる」等、何かを提示する・指し示す時にも使えます。give の後に「示すもの」を続けます。

イメージしやすい意味 ③ 開く、行う

give a party　パーティーを開く
give a presentation　プレゼンをする
give の後にイベントや催し物などを続けると、何かを「開催する」「行う」という意味になります。

イメージしやすい意味 ④ 伝える、言う

give my regards to ...　～によろしくと伝える
give one's name　名前を言う
伝言を伝えたり、何か情報を告げる・教える時にも。自分の手元の情報を相手に提供するイメージです。

イメージしやすい意味 ⑤ 差し出す

give a hand to ...　手を差し伸べる
give one's help　助ける
単に「与える」だけでなく、「助ける」「手を差し伸べる」のように、「あえて何かを差し出す」時も give が使えます。

　手元のものを他へと差し出すイメージです。present や pass、say などさまざまな動詞の代わりに使うことができます。

返事をせかされて

考える時間をくれ。

Give me some time to think.

❗ 「あげる」「与える」という意味のgiveを命令形にすると、「〜をくれ」「〜がほしい」と、ストレートに何かを要求する言葉に。時間や返事、チャンスなど、さまざまなものに使えるのがgiveの良さです！

Give me one more chance.
もう一度チャンスをくれ。
＊give a chance 「チャンスを与える」

Give me a call later.
後で電話して。
＊give a call 「電話を与える」→「電話する」

Give me your answer by tomorrow.
明日までに返事がほしい。
＊give an answer は「答えを与える」→「返事をする」。

塩を振りたい

塩をとってもらえますか？

Could you give me the salt, please?

⚠️ 何かを「あげる」動作から、give は「渡す、取る」にも。何かを「取って」と気軽にお願いするなら、Give me ... です。

Could you give me the ball?

ボールを取ってもらえますか？

＊見知らぬ人にお願いする時に。

Can you give me the scissors?

ハサミを取ってくれる？

＊身近な人にお願いする時に。

Give me the remote, please.

リモコン、ちょうだい。

＊「リモコン」は英語だと remote です。

もっと具体的に

例を挙げてください。

Please give an example.

❗ 考えやアイデアなどを「提示する」「提供する」「提案する」時にも。

Give me the necessary documents.
必要書類を提供してください。

＊ necessary documents　「必要書類」

Give assistance to those in need.
困っている人に支援を。

＊ give assistance　「支援を提供する」

Will you give a suggestion?
提案してもらえますか？

＊ give a suggestion　「提案する」

もうすぐ誕生日だね

誕生日パーティーを開いてあげよう。

I'll give you a birthday party.

✏️ 「give＋イベント」で、催し物などを「開く」「行う」「実施する」。give a party なら「パーティーを与える」→「パーティーを開く」とイメージしましょう。

I gave a demonstration of the new product.

昨日、新製品のデモンストレーションをしたんだ。

＊ give a demonstration 「デモンストレーションをする」

Could you give us a seminar sometime next week?

来週のどこかでセミナーを開いていただけますか？

＊ give a seminar 「セミナーを開く」

I'd like to give a workshop next month.

来月、ワークショップを開きたい。

＊ give a workshop 「ワークショップを開く」

別れぎわに

ご家族によろしく伝えてください。

Give my regards to your family.

❗ give my regards to ... で「〜によろしくと伝える」。「言葉をあげる」→「伝える」と考えると覚えやすいですね。

Give him my message.

彼に私の伝言を伝えて。

＊ give a message　「伝言を伝える」

I'd like to give my name for registration.

自分の名前を登録したいです。

＊ give one's name to ...　「〜に〜の名前を伝える」

Give the team your feedback.

チームにフィードバックして。

＊ give feedback で「フィードバックを伝える」→「フィードバックする」。

重すぎる！

これを運ぶのを手伝ってくれる？

Can you give a hand with this?

⚠️ give の「与える」の意味が広がり、「差し出す」「助ける」という意味にも。give a hand to ... で「手を差し伸べる」「手伝う」。
give one's help「助ける」なども同じイメージ。

Give me a hand, please.

手を貸してちょうだい。
＊ちょっと手助けがほしい時の定番表現。

Give him a chance to explain.

彼に説明の機会をあげて。
＊釈明の機会を与える時に。

Give Jim a helping hand when needed.

必要な時、ジムに手を貸してあげて。
＊ give a helping hand 「手助けをする」

急病人が出たので

誰か他の人に仕事を託して。

Give the task to someone else.

❗ 重要なことや価値ある物を「託す」「預ける」という意味にも。
give the task to ...「〜に仕事を託す」などは、まさにそのイメージです。

You should give your key to your parents.
鍵は両親に預けた方がいいよ。
* give the key to ...　「鍵を〜に預ける」

We will give him the lead on this project.
彼にこのプロジェクトを指揮してもらうつもりだ。
* give the lead on ...　「〜の指導権を託す」

I'll give her the authority to make decisions.
彼女に決定権を託します。
* give the authority to ...　「〜に権限を託す」

重要な書類を書く時に

詳細に注意を払ってください。

Please give attention to the details.

⚠️「注意を払う」「考慮する」「没頭する」も give で言えます。give attention で「注意を与える」→「注意を払う」、give oneself to ... なら「〜に夢中になる」。

Give your full attention to the presentation.
プレゼンに全力を注いで。
＊ give full attention to ...　「〜に全力を注ぐ」

You should give respect to your elders.
年長者に敬意を表した方がいいよ。
＊ give respect to ...　「〜に敬意を表す」

He gave himself to the study of music.
彼は音楽の研究に身を捧げた。
＊ give oneself to ...　「〜に夢中になる」→「〜に身を捧げる」「〜に
　　没頭する」

【6】

take

コアイメージ 取る、つかむ、持っていく

手で何かを「取る・つかまえる」動作、手で何かを「持っていく（持って遠くに行く）」時に。手につかんで何かをするイメージです。この take のみ、イメージしやすい意味を6つ紹介します。

イメージしやすい意味 ① **取る、自分のものにする**

take one's hand　手を取る　　take a seat　着席する

手で何かを「取る」だけでなく、「イスを取る」→「着席する」など、いろんなものを自分のものとする意味があります。

イメージしやすい意味 ② 手に何かを持っていく

take an umbrella　傘を持っていく
「手に何かを持ってどこかへ行く」をイメージしやすいフレーズは、**take the dog for a walk**（犬を散歩に連れていく）。

イメージしやすい意味 ③ 買う、予約する

I'll take this.　これを買います。
take a ticket　チケットを取る（予約する）
洋服やチケットを手に取って（つかんで）いるイメージから、「買う」「予約する」に。

イメージしやすい意味 ④ （時間が）かかる、（時間を）取る

take time　時間がかかる　　take a break　休憩する
時間がかかる（取る）だけでなく何かに時間を必要とする時にも。

イメージしやすい意味 ⑤ 飲む、服用する、食べる

take medicine　薬を飲む　　take lunch　昼食を食べる
飲み物や食べ物に対して使うと、「（飲食物を）取る」、つまり「飲む」「食べる」に。

イメージしやすい意味 ⑥ （乗り物に）乗る、利用する

take a train　電車に乗る　　take a flight　飛行機に乗る
乗り物を「つかむ」→「（乗り物に）乗る」。「利用する」のニュアンスも。

　もともとは何かを手に「取る」ですが、発展して「持っていく」動作にも使えるのがtakeならでは。「手に取って（自分のものにして）何かをする」イメージです。

探していた本を見つけた！

彼は棚から本を取った。

He took the book from the shelf.

✏️ takeの意味はさまざまですが、コアなイメージのひとつが①「取る、自分のものにする」。手で何かを「取る、つかむ」だけでなく、さまざまなものを「所有する、所持する」というニュアンスがあります。

Please take a seat and wait.

座って待ってて。

＊take a seat は「イスを取る」→「着席する」。

Please take my hand.

私の手を取って。

＊take one's hand　「手を取る」

The children took the cookies from the jar.

子供たちはビンからクッキーを取った。

＊take A from B　「BからAを取る」

ものを運んでほしい時に

> このスーツケース、2階に持っていってもらえる？

Can you take this suitcase upstairs?

⚡ 何かを手に「取る」ことから始まり、どこかに「持っていく、連れていく」という動作も take で。「手に何かを持ってどこか遠くへ行く」イメージです。

She takes her lunch to work every day.

彼女は毎日会社にお弁当を持っていく。

＊ take lunch 「お弁当を持っていく」

Don't forget to take your umbrella with you.

傘を持っていくのを忘れないで。

＊ take one's/an umbrella 「傘を持っていく」

They took the dog for a walk.

彼らは犬を散歩に連れていった。

＊ take the dog for a walk 「犬を散歩に連れていく」

お店の人に

これ、ください。

I'll take this.

✏️ take には「買う、予約する」という意味も。商品やメニューを指さして I'll take this. とお店の人に伝えることで、購入や注文の意思を伝えられます。

I'll take the blue one.

青いほうを買います。

＊色違いの商品で迷ったあと、どちらを買うか決めた時に。

She took the last ticket for the concert.

彼女はコンサートの最後のチケットを取ったんだ。

＊ take a ticket　「チケットを取る、チケットを予約する」

I took out a loan with a bank.

銀行でローンを組んだ。

＊ take out a loan　「ローンを契約する、ローンを組む」

takeの意味④　（時間が）かかる、（時間を）取る

「なかなか上達しない」という人に

新しい言語を学ぶには時間がかかる。

Learning a new language takes time.

✏️ 「(時間・労力・金が)かかる」時も take。Take your time. は、焦る相手に「ゆっくりでいいよ」と安心させる決まり文句。

He took five hours to finish the job.

彼はその仕事を終えるのに5時間かかった。

* take ... hours　「〜時間かかる」

Starting a new business takes significant effort.

新しいビジネスを始めるには大変な労力がかかる。

* take effort　「労力がかかる、努力を要する」

How long does it take to repair this?

これを修理するの、どれくらい時間がかかる？

* repair　「修理する」

緊張や不安を感じている人に

深呼吸して、リラックスしてみて。

Take a deep breath and try to relax.

✏️ 「飲む」「服用する」「食べる」も take で OK。何かを体内に取り入れるイメージ。take a deep breath で「深呼吸する」。

Don't forget to take your medicine.
薬を飲むの、忘れないでね。

＊ take medicine　「薬を飲む、服薬する」

I take some fruit for breakfast every day.
毎日、朝食にフルーツを食べるんだ。

＊ take ... for breakfast　「朝食に〜を取る」

He takes vitamin supplements to maintain his health.
彼は健康のためにビタミン剤を飲んでるんだ。

＊ vitamin supplement　「ビタミン剤」

takeの意味⑥ （乗り物に）乗る、利用する

通勤手段を聞かれたら

毎朝、電車で通勤してます。

I take the train to work every morning.

⚠️ take＋乗り物で「乗る」、「利用する」。日常的な交通手段や旅行などの移動手段を表す時に。

The tourists took a taxi to the station.

その観光客は駅までタクシーに乗った。

＊ take a taxi to the station 「駅までタクシーに乗る」

I'll take a flight to Paris.

パリ行きの飛行機に乗るよ。

＊ take a flight 「飛行機に乗る」

I took a ride on the roller coaster.

ジェットコースターに乗ったんだ。

＊ take a ride on/in ＋乗り物で「（乗り物に）乗る」という意味に。

予定を聞かれて

生物学の試験を受けなきゃいけないんだ。

I have to take a test in biology.

⚠️ 「試験を受ける」をフォーマルに言うと undergo a test や sit for an examination ですが、カジュアルには take a test。試験や授業を「受ける」、科目やコースを「履修する」です。

She took a piano lesson yesterday.
彼女は昨日ピアノのレッスンを受けた。

＊ take a ... lesson 「～のレッスンを受ける」

I will take a history class next semester.
来学期、歴史を履修するよ。

＊ semester 「学期」

We need to take five required courses.
必修科目を 5 つ、履修しなきゃいけないんだ。

＊ required course 「必修科目」

どんな人？

彼って、信頼できる人だと思う？

Do you take him for a reliable person?

🖊 take の「取る、受け取る」というイメージが広がり、人物や事柄に対して「（〜と）思う、みなす、解釈する」という意味でも使われます。reliable は形容詞で「信頼できる」。

We need to take customer feedback seriously.

私たちは顧客からのフィードバックを真摯に受け止めなきゃね。

＊ take seriously　「真摯に受け止める」。

How do you take his remarks?

彼の発言、どう解釈する？

＊ remark　「発言」

Don't take her word for it.

彼女が言ったこと、鵜呑みにしないでね。

＊ take someone's word for it　「（人の）言葉を信じる、文字通りに受け取る」

【7】

see

**コア
イメージ** 見る、わかる

意識せずに情報が目に入ってくる、「見える」のイメージ。そこから「会う」「調べる」「わかる」といった意味でも使われます。

イメージしやすい意味 ① 見える

see a bird　鳥を見る（鳥が見える）
see a girl in the house　家の中にいる女の子が見える
見ようとしてでなく自然と目に入ってくるのが、seeの「見る」。

イメージしやすい意味 ② 会う、面会する

See you.　またね（さようなら）。
Nice to see you.　お会いできてうれしいです（はじめまして）。

see a doctor　医者に診てもらう
see a client　クライアントに会う

seeには「会う」という意味があり、See you. や See you later. など、あいさつの決まり文句でよく使われます。用件があって人や専門家に面会する時にも。see＋職種で「〜に面会する」。

イメージしやすい意味 ③ 調べる、確かめる

Let me see who it is.　誰（が来た）か確かめるね。
see page 5　5ページを見る

「調べる」「読む」「参照する」など、目に入った情報を「よく見る」という意味でも使われます。

イメージしやすい意味 ④ わかる、理解する

I see.　なるほど。
Do you see what I'm saying?　私の言ってること、わかる？

「目に入った情報を理解する」→「なるほど」とイメージすると覚えやすいでしょう。

イメージしやすい意味 ⑤ 考える、想像する

see a catastrophe　大災害を予測する
see a bright future　輝かしい未来を想像する

see＋光景で、何か頭の中で見えたものを「考える」「想像する」という意味に。

　自然と目に入ってくるイメージからふくらませて、目に見えたものを「調べる→理解する→想像する」と考えると、意味を取りやすくなります。

公園を散歩していたら

木の上に数羽の鳥が見える。

I see some birds in the tree.

⚠️ 意図せず視覚に入ってくるイメージ。自分の目で人やもの、出来事を認識することが、seeの持つ本質的な意味です。

You can see the mountains from here.

ここから山が見えるよ。

* You can see ＋対象物で「（対象物が）見えるよ」と相手に伝える
　フレーズに。

I saw the kids play in the park.

子供たちが公園で遊んでいるのを見た。

* see ＋A＋動詞の原形で「Aが〜するのを見る」。

Have you ever seen a rainbow?

虹、見たことある？

* Have you ever seen … ?　「あなたは〜を見たことがありますか？」

see の意味② 会う、面会する

体調が悪そうな人に

医者に診てもらわないと。

You need to see a doctor.

📝 see a doctor で「医者に診てもらう、医者の診察にかかる」。

I'm planning to see my friend tomorrow.

明日、友達に会うんだ。

＊ I'm planning to ... 「〜する予定だ」

When will you see a lawyer?

いつ弁護士に会うの？

＊ see a lawyer 「弁護士に面会する」

He refuses to see a counselor.

彼はカウンセラーとの面会を拒否してるんだ。

＊ counselor 「カウンセラー」

see の意味③　調べる、確かめる

どうも腑に落ちない…

本当かどうか、確かめさせて。

Let me see if it's true.

❗「調べる、確かめる、よく見る」という意味でも使われます。
Let me see if ... は「〜かどうか確かめさせて」。

I will see if she is available.
彼女が空いているかどうか、確認するよ。
＊ available 「空いている」

See how I solve this math problem?
この数学の問題をどう解くか、よく見ててね。
＊ solve 「（問題などを）解く」

Have you seen if the information is accurate?
その情報が正確かどうか、確認した？
＊ accurate 「正確な」

2つを比べて

違いがわかる？

Can you see the difference?

🖌 このseeは、物事や状況、相手の意図などを「わかる、理解する」。自分の目で見て把握・認識するといった意味合い。

Do you see what I'm trying to explain?

私が何を説明しようとしているかわかる？

＊explain　「説明する」

They didn't see what was going on.

彼らは何が起こっているのかわからなかった。

＊be going on　「起こっている」

We need to see all the possibilities.

私たちはすべての可能性を認識する必要がある。

＊possibility　「可能性」

将来有望な人にエールを

私にはあなたの輝かしい未来が想像できる。

I can see a bright future for you.

⚠️ see a bright future で「輝かしい未来を想像する、明るい未来が見える」。物理的に目で見るのではなく、未来の変化や動向を「想像する」、災害や困難などを「予測する」という意味も see で。

They see a post-climate change future.
彼らは気候変動後の未来を予測している。

Can you see him quitting the job?
彼が仕事を辞めること、想像できる？
＊ quit the job 「仕事を辞める」

Analysts see a positive trend in the market.
アナリストらは、市場に前向きな傾向があると予測している。
＊ see a trend 「傾向を予測する」

予定を聞かれたら

私たちは史跡を見に行く予定だ。

We plan to see the historical sites.

⚠️ 名所や観光スポットを「見物する、見に行く」、映画や劇を「観る、観に行く」も see が使えます。see the historical site で「史跡を見物する、史跡を見に行く」。

Did you see a movie yesterday?

きのう、映画観た？

* see a movie 「映画を観る」

Let's see the famous tourist sites in London.

ロンドンの有名な観光地を見物しよう。

* tourist site 「観光地」

I saw a new exhibition at the gallery.

ギャラリーで新しい展覧会を見た。

*美術館やギャラリーなどの文化的な場所で芸術作品や展示物を鑑賞する時も see を使うことができます。

友達のことを聞かれた

私は彼女を親友だと思っている。

I see her as my best friend.

✏️ see には、regard や consider のように「考える、みなす」という意味も。see A as B で「A を B と考える、A を B とみなす」。

He sees the project as a great opportunity.

彼はそのプロジェクトを大きなチャンスだと考えている。

＊ great opportunity 「大きなチャンス、絶好の機会」。

They see the situation differently.

彼らは異なった見方をしている。

＊「状況を違うように見ている」→「異なった見方をしている」。

We see this incident as a problem.

私たちはこの事件を問題視しています。

＊ see A as a problem 「A を問題視する」

プライベートの話をしていて

付き合ってる人はいるの？

Are you seeing someone?

⚠️ see は恋愛トークをする時にも使われ、see someone で「（人と）付き合う、デートする」。パートナーとの恋愛関係を表現する言い回しとして、カジュアルな会話でよく出てきます。

They've been seeing each other for 2 months.
彼らは付き合って 2 カ月になる。

＊ see each other 「お互いに会う」→「付き合う」というニュアンスに。

I'm not seeing anyone at the moment.
今は付き合っている人はいないよ。

＊今現在、パートナーはいないことを伝えるフレーズ。

How long have you been seeing each other?
付き合ってどれくらいになるの？

＊交際期間をたずねるフレーズ。

【8】

come

コアイメージ 来る、届く、現れる

話し手の方へ「来る」と言う時に使う動詞。視野に入って「来る」イメージ。そこから「(見える場所に) 到達する」、「見えてくる」→「現れる」となります。

イメージしやすい意味 ① 来る（行く）

come here　ここに来て。

Please come to my party.　私のパーティーに来てね。

go は「出発地点から遠くへ移動」。come は「話し手のもとへ移動する（来る）」。I'll come to your party.（君のパーティーに行くよ）など、使い方によっては「行く」に。話し手の位置に注意！

`イメージしやすい意味` ② 出身、〜から来る

come from ...　　〜の出身だ、〜から来る
come to ...　　〜しに来る
come from は出身地や、どこから来たかを表す時に。
come to ... で何の目的で来たかを明らかにできます。

`イメージしやすい意味` ③ 生じる、出現する

I'm coming.　　今、行きます。
come about　　起きる、生じる
I'm coming. は人から呼ばれた時の返事で、「(話し手の方へ)今、行きます」。come about は何かが「現れてくる」「やってくる」→「出現する、生じる」。

`イメージしやすい意味` ④ 巡(めぐ)ってくる、現れる

Spring has come.　　春が来た。　　　come true　　実現する
「(時が)やってくる」→「巡ってくる」、「(何かが)出てくる」→「現れる」と考えましょう。

`イメージしやすい意味` ⑤ 達する、到達する

come to a bad end　　悪い結果になる
come into bloom　　花が開く
come は「(ある状態へと)来る」、つまり「(ある状態へと)達する」という意味にも。come to ... や come into ... で「〜になる」と状態の変化を表します。

　「come は『来る』、go は『行く』」と習いましたが、日本語の感覚とは少し違います。話し手を中心としたイメージをつかみましょう！

一緒に来てほしい時

私について来て。

Come with me.

come は目的地や特定の位置に移動することを表す動詞。
基本の意味は「来る」。これはおなじみですね。話し手の方へ「来る」
のほかに、相手の方に移動する場合も使われます。その場合は「行く」と訳すのが自然。I'm coming. なら「今、行きます」。

They came to see me.

彼らは私に会いに来た。

＊ come to see ＋人で「（人に）会いに来る」。

People came rushing into the building.

人々は建物に駆け込んで来た。

＊ come ＋動詞の ing 形で「〜しながらやって来る」。

She hasn't come home from school yet.

彼女はまだ学校から帰って来ていない。

＊「have/has not ＋過去分詞」の現在完了形で、過去から現在にかけてまだ動作が完了していないことを表現できます。

comeの意味②　出身、〜から来る

出身を聞かれて

私は日本出身だ。

I come from Japan.

⚠️ come from ... は「〜から来る」という直訳から、「〜の出身である、〜生まれである」と出身地を表すフレーズ。また「〜に由来する、〜から伝来する」のように、起源を表す時にも。

Where does he come from?

彼はどこの出身なの？

* Where do/does ... come from? は、出身地をたずねる定番フレーズ。

This dish comes from my grandmother's recipe book.

この料理は祖母のレシピブックにあったものです。

* dish は「皿」のほかに「料理」の意味もある。

The tradition comes from ancient Greece.

その伝統は古代ギリシャに起源がある。

* ancient Greece 「古代ギリシャ」

意気込みを聞かれたら

何が起ころうと最善を尽くすよ。

I'll do my best, whatever may come.

!　この come は動詞 happen と同じように「起こる、生じる」という意味になります。do one's best は「最善を尽くす」。

No trouble will come to you.

君には何の困難もふりかからないよ。

＊ come to ＋人で、物事や運命などが「（人に）起こる、（人に）ふりかかる」。

His success came after hard work.

彼の成功は努力の末にもたらされた。

＊「努力の後に生じた」→「努力の末にもたらされた」と訳すと自然です。

Don't worry, misfortune won't come to you.

心配しないで、君に不幸は訪れないよ。

＊ misfortune 「不幸、不運」

come の意味④　巡ってくる、現れる

季節の訪れの定番

春が来た。

Spring has come.

✒️ 季節や時期などが「巡ってくる、到来する、現れる」という意味で使われています。季節＋ has come. は定番表現としてそのまま覚えましょう。

Winter will come soon.

もうすぐ冬がやってくる。

＊まもなく次の季節が訪れるという場合はこのように表現します。

The moment has come at last.

ついにその瞬間が来た。

＊長い間待ち望んでいた出来事の到来も come で言えます。

The results will be announced come Monday.

月曜日になれば結果が発表されるだろう。

＊ come Monday（月曜日になれば）、come August（8月が来ると）のように、「(時が) 来ると、到来すると」といった意味も come にはあります。

かな
叶うといいな

私たちの願いが実現することを祈ろう。
いの

Let's hope our wishes come true.

❗「come＋補語」の形を取る時、comeは「～という状態になる」に。come trueは「真実という状態になる」→「（夢や願望などが）実現する、現実になる」と考えるとわかりやすいですね。

Did your dream come true?
夢、実現した？
＊夢や願望が実現したのかどうかをたずねるフレーズ。

Her prediction didn't come true.
彼女の予言は当たらなかった。
＊prediction 「予言」

My birthday wish came true!
誕生日の願い事が叶った！
＊birthday wish 「誕生日の願い事」

comeの意味⑤　達する、到達する

最初はそうではなかったけれど

彼はギターを弾くのが大好きになった。

He came to love playing the guitar.

✔️ come to＋動詞は「〜するようになる」。時間や経験による気持ちの変化やスキルの上達を経て今の状態に至った様子を言えます。

Through practice, I came to speak Spanish fluently.

練習を重ねるうち、スペイン語を流暢に話せるようになった。

＊fluently 「流暢に」

I came to realize the importance of family.

家族の大切さを実感するようになった。

＊importance 「大切さ、重要性」

They came to understand different cultures better.

彼らは異文化をよりよく理解するようになった。

＊different culture 「異文化」

十分な準備と努力の末に

イベントは無事に終わった。

The event came to an end successfully.

🔔 come to/into＋名詞は「（状態・結果に）なる、達する、至る」という意味で、come to＋動詞と同じく状態の変化を表します。come to an end は「終わりに達する」→「終了する、終わる」。

The cherry trees come into bloom in spring.
桜は春に花開く。

＊come into bloom は「花が開く」というイディオム。この bloom は名詞で「花、開花」を指します。

The internet came into use in the 1990s.
インターネットは1990年代に使われるようになった。

＊この use は「利用、使用」という名詞。come into use で「使われるようになる」。

The total comes to $30, including tax.
合計は税込みで30ドルになります。

＊come to＋金額で、総額を伝える表現に。

色の展開を聞かれた

このシャツは5つのカラーで販売されています。

This shirt comes in five colors.

✏️ come inのあとに色やサイズなどを付け加えると「(商品などが)〜色で売られている、〜サイズで売り出される」という意味に。商品の色展開やサイズ展開を説明したり、販売している商品の種類をたずねる時に役立ちます。

Do these shoes come in a large size?
この靴のLサイズは売っていますか？
* large size 「Lサイズ」

That dress only comes in blue.
そのワンピースは青のみで販売しています。
* onlyをつけると特定の色やサイズのみの展開であることが表現できます。

Our ice cream comes in vanilla or chocolate.
当店のアイスクリームには、バニラとチョコがあります。
*食べ物や飲み物などのバリエーションについても言えます。

【9】

try

コアイメージ **ためしてみる、やってみる**

気軽にいろいろ「挑戦してみる」「やってみる」時に使うのが **try**。「試しにやってみる」というニュアンスがあり、「試食する」「試用する」という意味でも使われます。

イメージしやすい意味 **① 努める、やってみる（挑戦してみる）**

try one's best　全力を尽くす
try hard　一生懸命に努力する

一番よく使うのが「努める」「やってみる」。成功を目指していろいろと挑戦してみる時に。

`イメージしやすい意味` **② 試しにやってみる**

Can I try?　やってみていい？　　I'll try.　やってみる。

ちょっと「やってみる」と、気軽に言う時に。「やる」ではなく「(試しに)やってみる」という曖昧なニュアンスを出せるのが、**try** の良さです。

`イメージしやすい意味` **③ 試食する、試飲する**

try some spicy food　からい物を食べてみる

try something new　何か新しい物を食べてみる

食べ物や飲み物に対して使うと、試食や試飲のように気軽なニュアンスがあります。

`イメージしやすい意味` **④ 試用する、試しにやってみる**

try a new car　新車に試乗する

try a new hairstyle　新しい髪型に挑戦する

新しいことを「試してみる」「挑戦してみる」という時にも。attempt よりもっと気軽なニュアンス。

`イメージしやすい意味` **⑤ (能力などを)試す**

try one's skill　能力を試す

try one's hand　腕を試す、挑戦してみる

try one's ... で「(〜の能力を)試す」。能力を測りたい時などに。

　「トライ」は日本語としてほぼ定着しています。日本語の場合「やってみる」の意味で使うのがほとんど。「試す」「試食する」「試用する」などの意味でも、ぜひ使ってみましょう。

「頑張れる？」と聞かれた

一生懸命に、努力するよ。

I'll try hard.

✏️ try hardで「懸命に努力する、頑張る」。

Let's try again.

もう一度やってみよう。

＊try again 「もう一度やってみる」

The team tried their best to win.

チームは勝つために全力を尽くした。

＊try one's bestで「全力を尽くす」。tryの後ろに目的語を持って
　くることもできます。

He tries his best to succeed.

彼は成功するために全力を尽くす。

＊succeed 「成功する」

間に合うかはわからないけど

これを時間内に終わらせるように、努力するよ。

I'll try to finish this on time.

✏ try to ＋動詞で「～しようとする、～しようと試みる」。結果はどうなるかわからないが、とにかく努力してみるというニュアンス。

She is trying to learn a new language.

彼女は新しい言語を学ぼうとしている。

＊ new language 「新しい言語」

Why don't you try to understand?

なぜ理解しようとしないの？

＊ try to understand 「理解しようとする、理解に努める」

They tried to open the door.

彼らはドアを開けようとした。

＊ open the door 「ドアを開ける」

tryの意味② 試しにやってみる

きのう何していたかを聞かれて

きのうは試しにクッキーを焼いてみた。

I tried baking cookies yesterday.

✏️ try＋動詞のing形で「試しに～してみる」。「まずはやってみる」と気軽にやるイメージ。try to＋動詞（～しようとする）と混同しないよう要注意。

Did you try fixing the broken bike?
壊れた自転車、試しに修理してみた？

＊ broken bike 「壊れた自転車」

The kids tried building a sandcastle.
子どもたちは試しに砂の城を作ってみた。

＊ sandcastle は、子どもが海辺や公園で作る「砂の城」のこと。

Why don't you try learning Korean online?
試しにオンラインで韓国語を学んでみたら？

＊ Korean 「韓国語」

try の意味③　試食する、試飲する

旅先でワイナリーを訪れて

地元のワインを試飲しよう。

Let's try the local wine.

✏️ 新しい食べ物や飲み物に挑戦したり、少しの量を試して味を確認する場合にも。

I want to try some spicy food.

からい物を食べてみたいな。

＊ try some spicy food　「からい物を食べてみる」

Don't forget to try the dessert.

デザートを食べるの、忘れないで。

＊ dessert は「デザート」。「砂漠」は desert。

We tried something new for today's lunch.

私たちは今日、ランチで新しい物を食べてみた。

＊ try something new　「何か新しい物を食べてみる」

サンプルを試してほしい

サンプル品を試してみませんか？

Would you like to try a sample product?

🖊 「（ものを）試しに使ってみる」という意味の try。

Let's try a new car at the dealership.

販売代理店で新車に試乗しよう。

＊ try a new car 「新車に試乗する」

I tried the latest software for smoother performance.

よりスムーズなパフォーマンスのために、最新のソフトを試してみた。

＊ latest 「最新の」

Have you tried the new device yet?

新しい装置、もう試した？

＊ device 「装置」

イメージチェンジしたい人には

今日は新しいヘアスタイルに挑戦してみませんか？

Why not try a new hairstyle today?

✍ 新しいことに「挑戦してみる、試してみる」も try。
try a new hairstyle で「新しい髪型に挑戦する」。

She decided to try a new thing.
彼女は新しいことに挑戦しようと決めたんだ。
＊try a new thing 「新しいことに挑戦する、新しいものを試す」

He is trying a new method to motivate students.
彼は生徒のやる気を引き出すために新しい方法を試しているんだ。
＊motivate 「やる気にさせる、動機を与える」

I'll try a new recipe for dinner tonight.
きょうの夜ごはんは新しいレシピに挑戦してみるよ。
＊try a new recipe 「新しいレシピに挑戦する」

自分の能力を確かめるために

彼女は大会で自分のダンススキルを試した。

She tried
her dance skills
in the competition.

📝 try one's skill で「〜のスキルを試す、腕試しをする」。困難な課題に取り組んだり、何かに意欲的にチャレンジすることで自身の力や技術を試す、能力を示すといった場合にも try が使えます。

I want to try my language skill overseas.

海外で自分の語学力を試したい。

＊ language skill 「語学力」

The team decided not to try their strength.

チームは自分たちの力を試さないことに決めた。

＊ try one's strength 「〜の力を試す」

Will you try your hand at gardening?

ガーデニングに挑戦してみる？

＊ try one's hand 「〜の腕を試す、挑戦してみる」

気になるニュースの続報が報じられて

裁判所は来週その事件を審理します。

The court will try the case next week.

✏️ try には事件などを「審理する、裁判する」という意味も。
try a case は「事件を審理する」というイディオム。覚えておいて損はありません。

The suspect was tried for theft.
容疑者は窃盗罪で裁かれた。
＊ theft 「窃盗、盗み」

The judge will try the fraud case.
裁判官は詐欺事件を審理する。
＊ judge は「裁判官」、fraud は「詐欺」。

They were tried and found guilty.
彼らは裁判にかけられ、有罪判決が下った。
＊ be found guilty 「有罪を宣告される」

【10】

work

コア
イメージ

働く、動く、作用する

名詞「仕事」でおなじみの **work**。動詞の場合「働く」の他に「動かす」「働きかける」など、他に影響を与える意味があります。

イメージしやすい意味 ① 働く、勉強・研究する

work 8 hours a day　1 日に 8 時間働く
work for a living　生活のために働く

もっとも一般的なのが「働く」。「仕事をする」だけでなく、「勉強する」「研究する」にも使えます。

`イメージしやすい意味` ② 勤(つと)める

work at a bank　銀行に勤めている
work at a big company　大企業で働く
work at ... で「〜で働く」。work at a bank は「銀行に勤めている」、つまり「銀行員だ」と自己紹介する時にも使えるフレーズ。

`イメージしやすい意味` ③ 動く、回転する

My watch doesn't work.　時計が動かない。
work efficiently　効率よく機能する
機械などにwork を使うと「動く」「作動する」。人や生き物ではなく機械などが主語になることが多いです。

`イメージしやすい意味` ④ 効果がある、うまく働く

work on ...　〜に効き目がある、〜に影響を与える
work well　うまく機能する
計画などが「うまくいく」、薬などが「効き目がある」にも。

`イメージしやすい意味` ⑤ 努力する、尽くす

work for peace　平和のために尽くす
work toward a solution　解決のために努力する
具体的な目的のために「働く」→「尽力する」「努力する」。「忍耐強く何かに尽くす」ニュアンスが含まれます。

　「働く」だけでなく、機械や計画、薬を主語にすると「機能する」「効果がある」「効き目がある」などさまざまなことを言えます。ぜひworkを使いこなしましょう。

労働時間を聞かれた

私は1日8時間働いている。

I work 8 hours a day.

✏️ 動詞workの代表的な意味は「働く、仕事をする」。「勉強する」「研究する」「取り組む」という意味でも使われるので、文脈で判断しましょう。

He works as a lawyer.

彼は弁護士として働いている。

＊work as ...　「～として働く、仕事として～をしている」

Do they work for a living abroad?

彼らは海外で生計を立てているの？

＊work for a living　「生活のために働く」

They are working on their homework.

彼らは宿題をやっている。

＊work on ... は「～に取り組む」。作業に集中して臨(のぞ)むことを表すイディオム。

work の意味② 勤める

友人の勤務先を聞かれて

彼女は窓口係として銀行に勤めている。

She works at a bank as a teller.

⚔ work at ... で「〜に勤めている、〜で働く」。

Do you work at that supermarket?

あのスーパーで働いてるの？

＊ Do you work at ...? で、相手の職場をたずねることができます。

We used to work at that restaurant.

私たちは以前そのレストランに勤めていた。

＊ used to ... は「以前は〜していた」と過去の状態や習慣を表します。

He doesn't work at the bookstore.

彼はその書店に勤めてはいない。

＊ bookstore 「書店」

仕事に取りかかろうと思ったら

> 私のパソコン、ちゃんと作動しない。

My PC doesn't work properly.

⚠️ このworkは、人ではなく機械などを主語に「動く、運転する、作動する」。

The robot can work autonomously.

ロボットは自律的に動くことができる。

＊ autonomously 「自律的に」

Does the GPS work accurately?

GPSは正確に作動しますか？

＊ GPS（全地球測位システム）は Global Positioning System の略。

This machine works by electricity.

この機械は電気で動く。

＊ by electricity 「電気で」

薬の効果が不安な時は

この薬、本当に効きますか？

Does this medicine really work?

:memo: 薬や治療などが「効く、効き目がある」のwork。have an effect を使わずとも work 1 語で言えます。

This ointment will work quickly.
この軟膏はすぐに効くだろう。

＊ ointment　「軟膏」

He doubted whether the cough syrup would work.
彼は咳止めシロップが効くか疑問に思った。

＊ cough syrup　「咳止めシロップ」

Unfortunately, the medication didn't work as expected.
残念ながら、薬物治療は期待したほど効果がなかった。

＊ medication　「薬物治療、薬、薬品」

失敗しそうな予感が的中

うまくいかないとわかっていた。

I knew
it wouldn't work.

❗ 計画などが「うまくいく」。順調に事が進むことを表す動詞として使います。

Trust yourself, and it will work.
自分を信じて、そうすればうまくいくよ。
＊ trust oneself　「自分を信じる、自信を持つ」

Is there a way to make it work?
それをうまくいかせる方法はある？
＊ make には「～させる、～の状態にする」という意味があります。

Will this strategy work well?
この戦略はうまく機能しそう？
＊ work well　「うまく機能する、功を奏する」

workの意味⑤　努力する、尽くす

目標実現のために力を合わせて

多くの組織が平和に尽力するため団結している。

Many organizations unite to work for peace.

✒️ work for peace は「平和のために尽くす、平和のため努力する」。動詞 work は「尽力する、努力する」という意味でも使われ、目標を成し遂げるために力を尽くして取り組む様を表現できます。

We must work for a better future.
私たちはより良い未来のために努力しなければならない。
＊ better future　「より良い未来」

Many volunteers have been working for environmental conservation.
多くのボランティアが環境保全のために尽力している。
＊ environmental conservation　「環境保全」

They are working toward improving customer satisfaction.
彼らは顧客満足度向上を目指して努力している。
＊ work toward ...　「～を目指して努力する」

提案された日程でOK

このスケジュールは都合がいい。

This schedule works for me.

❗ work にはスケジュールが「都合がいい」という意味も。日程調整をする場面で日常会話・ビジネス会話、いずれでも使えます。

Does the timing work for you?
そのタイミングは君にとって都合がいい？
＊予定などのタイミングが相手に合っているかを確認するフレーズ。

Sorry, 1:00-2:00 doesn't work for me.
ごめん、1時から2時は都合が悪いの。
＊ ... do(es)n't work for me で「〜は自分にとって都合が悪い」。

I'll check if the schedule works for him.
彼のスケジュールが合うか確認するよ。
＊スケジュール調整をする際によく使うフレーズ。

すばらしいスピーチが披露(ひ ろう)されて

彼のスピーチは聴衆の心に訴えた。

His speech worked on the audience's emotions.

💡 work には、人や感情に「働きかける、影響を与える」という意味も。

She worked on me to reconsider my decision.

彼女は決断を考え直すよう私に働きかけた。

＊ reconsider 「考え直す」

Negative reviews will work against the restaurant.

ネガティブな口コミはそのレストランに不利に働くだろう。

＊物事が「～に不利に働く、反対に作用する」は work against ... 。

Poor communication can work against teamwork.

コミュニケーション不足はチームワークに悪影響を及ぼす。

＊ poor communication 「コミュニケーション不足」

【11】

put

コアイメージ 置く、位置させる、〜させる

「置く」だけと思ったら大間違い！「位置させる」動作から、立場や状態・関係に「置く」、「仕向ける」「動かす」、「つなぐ」「つける」など、前置詞や副詞、目的語によりバラエティに富んだ意味になります。

イメージしやすい意味 ① 置く etc（＋前置詞・副詞）

put down　下に置く、書き留める

put up　打ち上げる、宿泊する

put に up や down などの前置詞・副詞を続けると「置く」が幅広い意味に変わります。put down は「下に置く」だけでなく、その動作から「(文字などを)書き留める」。put up は「上に置く」→「打ち上げる」、さらには建物に身を置くイメージから「宿泊する」なんて意味にも。

イメージしやすい意味 ② (ある立場・状態に) 置く

put ... at ease　くつろがせる
put ... first　〜を第一にする

意図的に何かをある立場や状態へと仕向ける時にも。「くつろがせる」や、「〜を第一にする」は、put + 立場・状態で「(〜に)する」。

イメージしやすい意味 ③ 受けさせる、〜させる

put ... in danger　危険にさらす
put through　経験させる、〜をつなぐ・通す

試練などを「受けさせる」、何かを通過・経験させる意味。put の「位置させる」「〜させる」ニュアンスを、ぜひ身につけてください。

イメージしやすい意味 ④ 表現する、置き換える

Let's put it this way.　こう考えたらどうだろう。
put one's thoughts into words　思いを言葉にする

「(感情や考えを)置く」→「表現する」「(言葉などに)置き換える」と考えるといいでしょう。

さまざまな意味で使える put。ネイティブは、put + 前置詞・副詞のフレーズをよく使います。ぜひ使いこなしましょう。

本を読みっぱなしにしている人に

本を机の上に置いて。

Please put the book on the desk.

❗ Please put the book in the box. なら「本を箱の中に置く」→「本を箱の中に入れる」と訳すと自然です。

Don't put your clothes on the floor.

床<small>ゆか</small>に服を置かないで。

＊ Don't ... で「～しないで」。

Where did you put your key?

どこに鍵を置いたの？

＊鍵を探している人がいたら、こんな風に。

She put some flowers in the vase.

彼女は花びんに花を生けた。

＊「花を花びんに置く」→「花を花びんに生ける」。

働きすぎて体調が悪そうな同僚に

健康を第一に考えるべきだ。

You should put your health first.

❗ 人や物を「（ある状態や立場に）置く」という意味のput。

Put him at ease before the presentation.

プレゼンの前に彼を落ち着かせて。

＊ put ... at ease 「～を安心させる、落ち着かせる、くつろがせる」

Your kindness puts me in a good mood.

あなたの優しさで私は気分が良くなります。

＊ put ... in a good mood 「～の機嫌を良くする」

Did you put things straight with your girlfriend?

彼女とのこと、気持ちの整理ついた？

＊ put things straight 「気持ちの整理をする、整理整頓する」

putの意味③　受けさせる、〜させる

危険な人に

あなたの行動が誰かを危険にさらすかもしれない。

Your actions may put someone in danger.

⚡ put ... in danger で「〜を危険にさらす、〜を危ない目にあわせる」。

His ignorance put him to shame.

彼は自身の無知で恥をかいた。

＊ put ... to shame 「〜に恥をかかせる」

I'm sorry to put you to the trouble.

ご迷惑をおかけして申し訳ありません。

＊ put ... to trouble 「〜に迷惑をかける、面倒をかける」

The news put the town into a panic.

そのニュースで町はパニックになった。

＊ put ... into a panic 「〜をパニックに陥れる」

税制改革によって

彼らは輸入品に課税することを決めた。

They decided to put a tax on imports.

✏️ 「（税金を）課す」「（圧力を）かける」など、put には何かを負わせたり、引き受けさせたりするニュアンスも。

put a tax on ... で「～に税金を課す」。

The new law does not put a tax on groceries.

新しい法律は食料品には課税しない。

＊ groceries 「食料品」

The manager didn't put pressure on the employees.

マネージャーは従業員にプレッシャーをかけなかった。

＊ put pressure on ... 「～にプレッシャーをかける」

Why did she put the blame on you?

なぜ彼女はあなたに責任を負わせたの？

＊ put the blame on ... 「～に責任を負わせる」

今どんな気持ち？

> 自分の気持ちを言葉で表現できない。

I can't put my feelings into words.

❗「（言葉で）表現する」「（別の言葉に）置き換える」。このputの使い方は、喜怒哀楽が大きく「言葉にできない」時、さまざまなシチュエーションで使えます。

Let me put this in another way.
これを別の言い方に置き換えてみよう。
＊わかりやすくするために別の方法で説明する時に便利なフレーズ。

He struggled to put his experiences into writing.
彼は自分の経験を文章にするのに苦労した。
＊ struggle to ...　「～するのに苦労する」

The painter put her emotions on canvas beautifully.
画家は自分の感情を見事にキャンバスに表現した。
＊ beautifully　「美しく、見事に」

電池切れ？

リモコンに電池を入れてくれる？

Can you put a battery in the remote?

✅ ものをある所に「つける、取りつける」という意味も。

put a battery in ... で「～に電池を取りつける、～に電池を入れる」。

Put the key on your keychain.
鍵をキーホルダーにつけて。

＊ keychain 「キーホルダー」

I put a screen protector on my smartphone.
スマホに画面保護シートを貼った。

＊ screen protector 「画面保護シート」

Let's put the ornaments on the Christmas tree.
クリスマスツリーにオーナメントを飾ろう。

＊ ornament 「オーナメント、装飾品」

氏名を記入

> 用紙にお名前をご記入ください。

Please put your name on the form.

! 文字や数字、記号などを「記入する」にも。

put one's name on ... で「〜に名前を記入する、〜に署名する」。

You need to put today's date on it.

今日の日付を記入しておいて。

＊today's date 「今日の日付」

He put his signature on the document.

彼はその文書に署名した。

＊signature 「署名、サイン」

Put your address in the space provided.

所定の欄に住所を記入してください。

＊space provided 「所定の欄」

コストはいくら？

> 彼らは費用を3,000ドルと見積もった。

They put the cost at 3,000 dollars.

✅ この put は「見積もる、見なす、評価する、位置づける」。
put the cost at ... で「費用を〜と見積もる」となります。

Did he put your age at 50?!
彼、あなたを50歳と思ったの?!

We put her as the most talented singer.
我々は彼女を最も才能のある歌手と評価している。
＊ talented 　「才能のある」

We put this restaurant among our favorite spots.
このレストランは私たちのお気に入りスポットよ。
＊ favorite spot 　「お気に入りの場所」

【12】

help

**コア
イメージ** 助ける、手伝う、促進する

「助ける」「手伝う」はおなじみ。「（物事を）促進する」
「（飲食物を）すすめる」など、英語ならではの意味も。

イメージしやすい意味 ① **助ける、手伝う**

Help me! 助けて！
help ... with homework 宿題を手伝う
Help me. は、危険が迫った時のフレーズ。ちょっと手を貸してほ
しい時に言うと「強盗？」などと誤解されます。そんな時は **Help
me to ...**（〜するのを手伝って）でOK。**help** は「（困っている人を）

助ける」の他、「（人が〜するのを）手助けする」など、積極的に何か
を助ける意味で使われます。

イメージしやすい意味 ② 役に立つ、助けになる

That helped a lot.　それはかなり役に立った。
Crying won't help.　泣いても無駄だよ。
「手伝う」とは、何かの「役に立つこと」。そこから「役に立つ」「助
けになる」という意味に。ネイティブがよく使う That helped a
lot. は丸ごと覚えちゃいましょう！

イメージしやすい意味 ③ 促進する、助長する

help to promote ...　〜促進に役立つ
help to enhance ...　〜強化に役立つ
手助けすることで、何かが促進・助長される意味。ちょっと手を貸
すことで（目的とするものが）勢いづくイメージ。

イメージしやすい意味 ④ （飲食物を）すすめる、取ってあげる

Please help yourself.　ご自由にお召し上がりください。
Help yourself to drinks.　飲み物はご自由に。
help で「（飲食物を）すすめる・取ってあげる」なので、Help oneself
だと「ご自由に取ってください」→「セルフサービスです」。

　「ヘルプ」は日本語でもおなじみですが、「助ける」だけでなく
「役に立つ」「促進する」「取ってあげる」など、相手の手助けとなる
さまざまな意味で使えます。help を使いこなせたら、あなたもお
もてなし上手になること間違いなしです。

helpの意味①　助ける、手伝う

困っている人がいた

お手伝いしましょうか？

Can I help you?

❗ Can I help you? は積極的に相手に協力する時の定番フレーズ。
helpのメインの意味は「手伝う、手助けする、手を貸す」です。

She didn't help her mother yesterday.

彼女はきのう母親の手伝いをしなかった。

My father helped me with my homework.

父が宿題を手伝ってくれた。

＊ help someone with one's homework 　「（人の）宿題を手伝う」

Can you help me to move this table?

このテーブルを動かすの、手伝ってもらえる？

＊ help someone to ... 　「～するのを手伝う」

helpの意味② 役に立つ、助けになる

おすすめの本を聞かれた

> この本は新しいスキルを身につけるのに
> 役立つだろう。

This book will help you learn new skills.

✅ learn new skills で「新しいスキルを身につける」。

His advice helped a lot during the exam.

彼のアドバイスは試験中にすごく役立った。

＊ exam 「試験」

His experience will help us overcome challenges.

彼の経験は私たちが課題をクリアするのにひと役買うだろう。

＊ overcome 「克服する、乗り越える」

That outdated information won't help the project.

その古い情報はプロジェクトの役には立たないだろう。

＊ outdated 「古い、時代遅れの」

helpの意味③　促進する、助長する

このプランター、どこに置く？

> 日光は植物の生長を促進させる。

Sunlight helps plants grow faster.

⚠️ ②「役立つ、助けになる、ひと役買う」の延長線上にあるのが「促進する、助長する」。accelerate（加速する）を使わなくても表現できます。

Coffee doesn't help me fall asleep.

コーヒーを飲んでも寝つきは良くならない。

＊ fall asleep 「寝入る、眠りにつく」

The campaign helped boost sales significantly.

そのキャンペーンが売り上げの大幅増に効いた。

＊ boost 「増加させる」

The policy helped to worsen the economic crisis.

この政策は経済危機の悪化を助長した。

＊ worsen 「悪化させる」　　economic crisis 「経済危機」

helpの意味④　（飲食物を）すすめる、取ってあげる

ホームパーティーで

自由に召し上がってください。

Please help yourself.

✏️ イベントでゲストに飲食物をふるまう時に。ビュッフェでも見かけるフレーズ。

Help yourself to some cake.
ケーキ、自由に取ってね。
* help A to B で「A に B（食べ物）を取り分ける、A に B（飲み物）をつぐ」。

I helped myself to some more wine.
私はさらにワインを飲んだ。
* 自分で自由に取って飲んだ時、こんな風に言えます。

Help yourself, it's in the fridge.
自由に取ってね、冷蔵庫に入ってるから。
* fridge　「冷蔵庫」

感謝を伝える

緊急事態の中、私たちを助けてくれてありがとう。

Thanks for helping us out during the emergency.

⚠️ help out は、一般的な手助けをする時にも使えますが、大変な状況にいる人に積極的に協力や援助をして助け出すニュアンス。

Let's help out the elderly neighbor.

近所のお年寄りの手助けをしよう。

＊ elderly 「年配の、初老の」

They helped me out with surgery costs.

彼らが手術費用を援助してくれた。

＊ surgery costs 「手術費用」

You don't need to help him out.

あなたが彼を援助する必要はない。

＊ need to ... 「〜する必要がある」

つらい痛みを抱える人に

> この薬で痛みがやわらぎますよ。

This medicine will help your pain.

✏️ 痛みを「やわらげる」、病気を「治す」という意味もあります。

The massage didn't help her pain.

マッサージでは彼女の痛みは良くならなかった。

＊ massage 「マッサージ」

The painkiller didn't help my headache.

痛み止めでは頭痛は治らなかった。

＊ painkiller 「鎮痛剤」

Have you tried this to help your disease?

病気を治すためにこれを試したことはある？

＊ disease 「病気」

「遅れてゴメン」と言われて

気にしないで、仕方ないよ。

No worries,
you can't help it.

💡 can't や can と一緒に使うと、物事や感情を「避ける、抑える」に。You can't help it. は「あなたは避けられない」→「あなたにはどうしようもない」となります。

I can't help it.
仕方ないよ。
＊「仕方ない、どうしようもないよ」という決まり文句。そのまま覚えましょう。

I can't help doing that.
そうせざるを得ないね。
＊ can't help ... ing で「～せざるを得ない、せずにはいられない」。

She can't help laughing at his jokes.
彼女は彼のジョークに笑わずにはいられない。
＊ laugh at someone's joke　「(人の) ジョークに笑う」

感情のコントロールができない時

泣かずにはいられなかった。

I couldn't help crying.

✏️ can'tやcanだけでなく、過去形のcouldn'tやcouldと一緒の使い方も確認しておきましょう。

He did it because he couldn't help it.

彼は仕方がなかったのでそうした。

＊他に選択肢がなかったという時のフレーズ。

She couldn't help but feel anxious.

彼女は不安を感じずにはいられなかった。

＊feel anxious　「不安を感じる」

They couldn't help but applaud loudly.

彼らは大きな拍手をせずにはいられなかった。

＊applaud　「拍手する」

run

コアイメージ 走る、動く、流れる

run といえば「走る」。ある方向への連続した速い動きを表します。「(川が) 流れる」「(乗り物が) 運行する」「(機械が) 動作する」「(実験を) 行う」「運営する」など幅広く使えます。

イメージしやすい意味 ① **走る**

Walk faster! Run!　もっと速く！　走れ！

run for the train　電車に乗ろうと走る

run の1番のイメージは「走る」。転じて「急いで行く」「大急ぎで逃げる」「競走する」、さらに「(選挙で) 競争する」→「(選挙に) 出馬する」という意味にも。

`イメージしやすい意味` ② **流れる、下る**

My nose is running.　鼻水が出てる。

The water is running.　水が出っ放しだ。

runのスピード感ある動きから、水のような液体が「流れる」「下る」にもなります。

`イメージしやすい意味` ③ **運行する**

run every 30 minutes　30分間隔(かんかく)で運行する

run at high speed　高速運行する

車や列車、船などの乗り物が主語の時は、「運行する」「走る」といった意味にもなります。

`イメージしやすい意味` ④ **伸びる、及ぶ**

runs along the fence　フェンスに沿って伸びる

run parallel　並行に走る

目標に向かってまっすぐ進むイメージから「(〜に向かって)伸びる・及ぶ」などの広がりを持った動きも表します。

`イメージしやすい意味` ⑤ **運営する、経営する**

run a company　会社を経営する

run a business　事業を営む、商売をする

runが持つ「一方向への連続した動きのイメージ」は、組織の運営や会社などの経営にもつながります。runの「勢いあるイメージ」の応用例と考えましょう。

　runのイメージは「止まることなく、一定の方向に動き続ける」。それがこんなに広い意味で使われるようになっているのがおもしろいですね。

マラソンを完走した人に

毎朝走ってるの？

Do you run every morning?

❗ run の中心的な意味は「(人や動物が) 走る」。

I'm going to run in the marathon race.

マラソン大会で走るつもり。

＊marathon race　「マラソン大会」

Don't run too fast in the park.

公園内ではあまり速く走らないで。

＊run too fast　「速すぎるスピードで走る」

How long did you run today?

今日はどれくらい走った？

探したけど、どこにもいない

犬が犬小屋から逃げ出した。

The dog ran away from the kennel.

⚠️ run away は「（人や動物が）逃げ出す、逃走する」。kennel は「犬小屋」。

Don't run away from your problems.

問題から逃げないで。

＊つらい状況や困難から目を背けている人に。

The kids decided to run away from school.

子供たちは学校から逃げ出すことにした。

＊ decide to ... 「～することに決める」

When danger approaches, run away immediately.

危険が迫ったら、すぐに逃げて。

＊ danger 「危険」

runの意味② 流れる、下る

街の様子を説明しよう

川が市内を流れている。

The river runs through the city.

✏️ runは川や水が「流れる、下る」、鼻水や涙、血などが「出る、こぼれる、流れる」という意味でも使えます。

My nose is running.
鼻水が出ている。
＊フレーズをまるごと覚えてしまいましょう。

Tears silently ran from her eyes.
彼女の目から静かに涙が流れた
＊silently 「静かに」

The spilled milk ran across the floor.
こぼれた牛乳が床に流れた。
＊spilled milk 「こぼれた牛乳」

バスの運転間隔は

市バスは15分おきに運行しています。

The city bus runs every 15 minutes.

💡 車や電車、船などの乗り物が「走る、運行する、航行する」も run で言えます。

Trains don't run after midnight.

深夜12時以降、電車は走らない。

＊after midnight 「深夜12時以降、真夜中過ぎ」

Is the ferry running on time?

フェリーは時間通りに運航していますか？

＊run on time 「時間通りに運行（運航）する」

The shuttle bus runs to the airport.

シャトルバスは空港まで運行している。

＊run between the airport and the station なら「空港と駅の間を運航している」。

車を走らせながら

高速道路が何マイルにもわたって続いている。

The highway runs on for miles.

⚠️ runには「(道などが)伸びる」「(病気やイベントなどが)続く」「(話題などが)及ぶ」という意味もあり、長さや継続性を伝えられます。

The pipeline runs straight into the mountain.

パイプラインは山に向かってまっすぐ伸びています。

＊pipeline　「(ガスなどの)パイプライン」

My favorite musical has run for 3 years.

私の大好きなミュージカルは3年間上演されています。

＊芝居の公演や映画の上映などが長期間にわたって「続く」。

Their discussion ran on various issues.

彼らの議論はさまざまな問題に及んだ。

＊various issues　「さまざまな問題」

会社を辞めたら

私は自分で事業を営むことに決めた。

I decided to run my own business.

✏️ この run は、組織や事業などを「運営する、経営する」。
run a business「事業を営む、商売をする」、run a company「会社を経営する」など。

They run a famous restaurant in the city.

彼らは市内で有名なレストランを経営している。

＊ run a restaurant　「レストランを経営する」

We started running an online shopping website.

私たちはネット通販サイトの運営を始めました。

＊ online shopping website　「ネット通販サイト」

Does he run the kids' soccer club?

彼、子供のサッカークラブを運営してるの？

＊ run a club　「クラブを運営する」

機械の説明を求められて

> この装置は太陽光発電で動きます。

This device runs on solar power.

✏️ device は「装置」、solar power は「太陽光発電」。run には機械や
システムなどが「動く、動作する、運動する」という意味もあります。

Why did the generator stop running?
なぜ発電機は動かなくなったの？
＊機械が動かなくなった理由をたずねるフレーズ。

Can you make the old machine run?
古い機械を動かすことはできる？
＊動かなくなってしまった古い機械の修理を頼みたい時に。

My PC's processing speed is running slow.
パソコンの処理速度が遅いんです。
＊ run slow で「ゆっくり動く」→「動きが遅い」という意味に。

メディアが一斉に報道

彼は大統領に立候補する決意を表明しました。

He announced his decision to run for president.

✏️ run には「(選挙に)立候補する、出馬する」という意味も。
run for president は「大統領に立候補する」。

She can't run due to age restrictions.

彼女は年齢制限により出馬できません。

＊ age restriction　「年齢制限」

They are running for student council.

彼らは生徒会のメンバーに立候補しています。

＊学校やクラブなどの組織で行う選挙でも使えます。

The politician decided not to run for re-election.

その政治家は再選に立候補しないことに決めた。

＊ re-election　「再選」

【14】

play

コアイメージ 遊ぶ、演奏する、やる

おもに行動や活動を表します。「(ゲームやスポーツなどを)遊ぶ・行う」「(楽器を)演奏する」「(イベントなどに)参加する」「(動作などを)まねる・表現する」など、目的のために行動するイメージです。

イメージしやすい意味 ① やる

play baseball　野球をやる

play the piano　ピアノを弾く

play といえばこの2つ、「(スポーツを)やる」「(楽器を)演奏する」が浮かぶでしょう。このように娯楽に通じることを「やる」のが play です。

② 遊ぶ

play with a doll　人形で遊ぶ
Don't play with me.　からかわないで。
何かを使って「遊ぶ」ほか、「もてあそぶ」「戯れる」「からかう」「おもちゃにする」時にも。

③ 演じる、役割を務める

play as ...　～の役割をする
play a role　役目を務める
play には「演劇」という意味もあることから、動詞の play は役割を「演じる」「果たす」という意味にもなります。

④ ふるまう、ふりをする

play fair　正々堂々とふるまう
play dumb　口がきけないふりをする
「演じる」のイメージがさらに広がると「ふるまう」「ふりをする」に。play＋副詞で「～のふりをする」「～のようにふるまう」。

⑤ ゲームをする、勝負する

play cards　トランプをする
play for money　お金を賭けて勝負する
遊びがこうじると、本格的なゲームや勝負に。play cards で「カード遊びをする」→「トランプをする」、play for ... で「～をかけて勝負する」。

　本来は何らかの「(娯楽を)する」ですが、だんだん「演じる」「役目を果たす」「ふるまう」「(ゲームを)する」など、幅広い用途で使われるようになりました。

子どもが父親と遊びたがる様子を見て

息子は父親と遊ぶ方が好きだ。

My son prefers playing with his dad.

⚠️ playの基本的な意味は、楽しみやリフレッシュのために「遊ぶ」。Let's play together.（一緒に遊ぼう）は子どもが友達を遊びに誘う定番フレーズ。大人が使うとナンパな意味に取られるかも?!

Where did you play with your friends today?
今日は友達とどこで遊んだの？
＊遊んだ場所をたずねるフレーズ。

My daughter loves to play with dolls.
私の娘は人形遊びが大好きだ。
＊ play with a doll　「人形で遊ぶ」

There are children playing in the park.
公園で子どもたちが遊んでいる。
＊公園に子どもたちがいる様子を伝える表現。

週末の予定を提案しよう

今週末、テニスしない？

How about playing tennis this weekend?

play には「競技をする、試合をする」という意味もあり、スポーツの話題でよく登場します。

My dad and I used to play catch.
父と私はよくキャッチボールをした。
* play catch 「キャッチボールをする」

They will play a match tomorrow.
彼らは明日試合をします。
* play a match 「試合をする」

ABC is going to play against XYZ.
ABC は XYZ と対戦する予定です。
* play against ... 「〜と対戦する」

バンドを組もうか

ピアノ弾けるの、誰？

Who can play the piano?

✏️ 楽器や曲を「演奏する、弾く」もおなじみですね。

Will you play me some Debussy?
ドビュッシーの曲を何か演奏してもらえませんか？
* Will you ...? は依頼のフレーズ。

My father is good at playing the drums.
父はドラムが上手い。
* be good at ... 「～が上手」

Can you play by ear?
耳で聞いただけで演奏できる？
* play by ear 「聞き覚えで演奏する」

playの意味③　演じる、役割を務める

長い下積みを経て

> 彼は主役に選ばれたよ。

He was chosen to play the leading role.

❗ このplayは、演劇や舞台、映画などで「(役を)演じる」。
play the leading roleは「主役を演じる、主演する」。

The actors will play a romantic scene.

俳優たちはロマンチックなシーンを演じます。

＊scene 「場面、シーン」

The movie is playing at multiple theaters.

その映画は複数の劇場で上演されています。

＊「(演劇や映画が)上演される」という意味でも使われます。

The band will play in Paris next year.

そのバンドは来年パリで公演する予定だよ。

＊「(劇団やバンドなどがある場所で)公演する」という意味のplay。

プロジェクトの影の立役者

> 彼女はこのプロジェクトで重要な役割を
> 果たしたんだ。

She played a key role in the project.

✓ 人や物事が「(役割を) 果たす、(役目を) 務める」も play で言えます。play a key role は「重要な役割を果たす」。

He played host to the business meeting.
彼はビジネス会議の司会者を務めた。
* play host to ...　「〜のホスト役を務める」

Research plays a critical role in scientific advancements.
研究は科学の進歩において重要な役割を果たしている。
* play a critical role　「重要な役割を果たす」

Education plays a significant role in personal development.
教育は個人の成長に重要な役割を果たす。
* play a significant role　「重要な役割を果たす」

仮病を英語で言うと？

> ## 彼は学校をサボるために病気のふりを
> ## することにした。

He decided to play
sick to skip school.

✏️ 「演じる」から展開し、「ふるまう、ふりをする」といった意味にも。play sick は「病気のふりをする、仮病を使う」。

We should always play fair.
常に正々堂々とふるまうべきです。
＊play fair　「正々堂々とふるまう」

The dog knew how to play dead.
犬は死んだふりをする方法を知っていた。
＊play dead　「死んだふりをする」

Playing innocent won't work this time.
無実のふりも今回は通用しないぞ。
＊play innocent　「無実のふりをする」

夕食のあとは家族で

夕食後にトランプをしよう。

Let's play cards after dinner.

✏️ play には「ゲームをする、勝負する」という意味も。「トランプ」は和製英語。英語では playing cards で「トランプ」です。

Kids play video games daily.
子どもたちは毎日ビデオゲームをします。
＊ play a video game　「ビデオゲームをする」

Have you ever played chess?
チェスをしたことはありますか？
＊ play chess　「チェスをする」

Playing poker for money is risky.
お金を賭けてポーカーをするのは危険だよ。
＊ play for money　「賭けをする、お金を賭けて勝負する」

機器の不具合かな？

突然、建物中に音楽が流れ始めた。

Suddenly, music started playing throughout the building.

✏️ 音楽が「再生する、鳴る、流れる」も play。throughout the building は「建物中に」。

I enjoy playing records in my room.

自分の部屋でレコードをかけるのが好きなんだ。

＊play a record　「レコードをかける」

Please play our favorite radio show.

私たちのお気に入りのラジオ番組を再生してください。

＊ラジオをかける時も動詞は play で OK！

Let's play the CD you bought yesterday.

君がきのう買った CD をかけよう。

＊CD をかけることを提案するフレーズ。

【15】

ask

 たずねる、依頼する、頼む

言葉を使って何かをたずねたり、頼む時に使うのが **ask**。質問、道をたずねる、助言を頼む、人を招待する、代金を請求するなど、人とのさまざまなやり取りで活躍します。

`イメージしやすい意味` ① **たずねる、頼む、お願いする**

ask a question　質問をする
ask advice　助言を求める
ask to do something　頼みごとをする
ask a favor　お願いする

人に質問したり頼みごとをする時は、言葉を使って伝えますよね？　そのイメージがまさにaskです。Questionに人を追及するニュアンスがあるのに対し、askは「たずねる」程度のイメージです。May I ask a favor of you?（お願いごとがあるのですが）は、折り入って頼みごとをする時の決まり文句。

`イメージしやすい意味` ② **招待する、招く**

ask a person to one's party　～のパーティーに呼ぶ
ask ... in　～を中に招く

人に「いらっしゃいませんか」とたずねるイメージから、人を招待したり、招く時にもaskを使います。

`イメージしやすい意味` ③ **請求する、要する**

ask 100 dollars　100ドル要求する
ask time　時間を要する

人に「お金をくれないか」「時間をくれないか」と必要なものをたずねるイメージから、お金の請求や時間の猶予を求める時にもask。声をかけて要求する姿を思い浮かべるといいでしょう。

人に何かをたずねるイメージから始まり、頼みごと→招待→要求へと、より具体的な頼みへと発展していきます。askの場合、人への声かけがポイントです。

名前がわからなかったので

彼に名前をたずねました。

I asked his name.

❗ 知りたい情報がある時、人に「たずねる、聞く、質問する」時に
使うのがaskです。

She asked me when I arrived.

彼女は私がいつ到着したかをたずねた。

＊ ask someone when ... で「いつ〜か人にたずねる」。

Please ask him how to repair this.

これの修理方法は彼に聞いてください。

＊ how to ... で「〜する方法、〜のやり方」。

The tourists asked me about nearby attractions.

観光客が近くの観光スポットについて私に聞いてきた。

＊ ask someone about ... 「〜について人にたずねる、聞く」

疑問や不明点を解消したい時に

質問してもいいですか？

Can I ask a question?

⚠️ ask だけでも「質問する」という意味がありますが、
ask a question「質問をする」は定番フレーズです。

You can ask me a question anytime!

いつでも質問してね！

＊気軽に質問してほしい時に。

I asked her several questions.

私は彼女にいくつか質問をしました。

＊ several 「いくつかの」

Sorry for asking too many questions.

質問が多すぎてごめんなさい。

＊ sorry for ... 「～をすまないと思う」

人の助けを借りようと思って

彼らは私に援助を求めた。

They asked for my help.

💡 ask には手伝いやアドバイス、許可などを「求める」という意味があります。ask for help は「援助を求める、助けを求める」という決まり文句。似た意味に ask for support や ask for assistance もあります。

Can I ask for your advice?
アドバイスをお願いできますか？
＊ask advice　「助言を求める、アドバイスを求める」

You need to ask for permission to leave.
退出するには許可を求める必要があります。
＊ask for permission　「許可を求める」

It's important to ask for guidance.
指導を仰ぐことが大事だ。
＊ask for guidance　「指導を仰ぐ」

ask の意味①　たずねる、頼む、お願いする

もっと報<ruby>報<rt>むく</rt></ruby>われたい

> 彼女は昇給を求めた。

She asked for a salary raise.

⚡ この ask も「求める、要求する」という意味ですが、交渉のニュアンスを含んだ要求としても使えます。salary raise は「昇給、給料アップ」。

We asked for more funds from investors.

我々は投資家にさらなる資金提供を求めました。

＊investor 「投資家」

He asked the client for a discount.

彼はクライアントに値引きを求めた。

＊discount 「値引き、割引き」

I asked for better working conditions.

私は労働条件の改善を求めた。

＊working conditions 「労働条件」

折り入って頼みたい

お願いごとがあるのですが。

May I ask you a favor?

✏️ ask a favor は「お願いごとをする、用事を頼む」。

She urgently asked a favor.
彼女は緊急のお願いごとをした。
＊ urgently 「緊急に」

Did they ask you to come early?
彼らは早く来るようにあなたに頼んだの？
＊ come early 「早く来る」

He asked me to buy him a book.
彼は本を買うよう私に頼んだ。
＊ ask 人 to ... で「〜するよう人に頼む」。

交流を深めるために

彼は友人たちをコンサートに招待した。

He asked his friends to the concert.

✓ 人を「招待する」という意味も ask にはあります。
ask A to B で「A を B に招待する」。

How about asking your parents to dinner tomorrow?

明日、君のご両親をディナーに招待するのはどうだろう？

＊ How about ...? は何かを提案する時のフレーズ。

They didn't ask us to the wedding.

彼らは私たちを結婚式に招待しなかった。

＊ wedding 「結婚式」

Can I ask her to the event?

彼女をイベントに招待してもいい？

＊ Can I ...? は許可を求めるフレーズ。

絵画の値段を聞かれて

画家はその絵に 1,000 ドルを請求した。

The artist asked 1,000 dollars for the painting.

⚠️ この ask は代金などを「請求する」。ask A for B で「B に対して A を請求する」となり、A の部分には請求金額が入ります。

They asked 50,000 yen for the concert tickets.
彼らはコンサートチケットに 5 万円を請求した。
* ask 50,000 yen for the concert tickets 「コンサートチケットに対して 5 万円を請求する」

He asked a high price for the car.
彼はその車に高い値段を請求した。
* ask a high price 「高い値段を請求する」

How much is the seller asking for this?
売り主はこれに対していくら請求してるの？
* seller 「売り主、売り手」

迷いに迷った結果

彼をデートに誘うことに決めた。

I decided to ask him out.

✏️ ask out で「デートに誘う」という意味に。カジュアルな会話でよく使われます。

Will you ask her out this weekend?

今週末、彼女をデートに誘うの？

＊ Will you ...? は未来の意思や計画をたずねる表現。

He asked her out to the movies.

彼は彼女を映画に誘った。

＊ ask out のあとに to the movies をつければ「映画に誘う」という意味に。

She couldn't ask him out.

彼女は彼をデートに誘えなかった。

＊相手を誘うことができなかったというフレーズ。

英語はPlain English（簡単な英語）でいい！

　日本語もそうですが、むずかしい言葉を使った方が「教養がある」「かっこよく見える」と思う人が多いです。

　しかし、それは事実でしょうか？

　「簡単な言葉を使い、相手にわかるよう話をする方がむずかしい」と私は思います。

　言葉を使う目的は「心と心を通い合わせること」です。

　言葉という道具を使い、お互いの思いを伝え合うために言語があるのですから、第1の目的は「教養があるように見える」ではなく、「わかり合えること」のはずです。

　たとえば難関大学向けの単語帳にほぼ必ず載っている単語に、simultaneously（同時に）があります。

　そのためこの単語をご存知の日本人は多いですが、私は日常英会話でこの単語を使った記憶は、ほぼありません。

　会話ではまず、at the same time などで代用するからです。

　簡単に言い換えられる単語は、誰でもわかる言葉で表現した方が、誤解がありません。

　英語はPlain English でいいのです。

　このPlain という単語には、「簡単な」の他に「明白な」という意味もあるように、簡単な単語は意味も明確で、わかりやすいのです。

　背伸びしてむずかしい単語を使うより、簡単な英語でもいいから気持ちを正しく伝えることができれば、より大勢の人と仲良くなり、世界も広がります。

　ぜひ皆さんも、Plain English を心がけましょう！

Part 2

ネイティブは「15動詞」でこんなふうにやりとりしてる！

パーティーに誘う

Can you come to the party?
パーティーに来てくれる？

Sure, what time is it?
もちろん、何時だっけ？

It starts at 7 PM.
7時に始まるよ。

Great, see you then!
いいね、じゃあその時に！

Looking forward to it!
楽しみにしてるよ！

Me too, it's going to be fun!
私も。楽しいだろうね！

* it's going to be ... 「〜だろうな」

テニスに誘う

Can you play tennis tomorrow?
明日テニスできる？

I have to work, so maybe next time.
仕事があるんだ、だからまた今度ね。

No problem, let's plan for another day.
わかった、別の日にしよう。

Sounds good, have fun!
うん、楽しんでね！

Thanks, I'll let you know.
ありがとう、連絡するよ。

Got it.
わかった。

＊ No problem 「問題ない」→「わかった」
＊ I'll let you know 「知らせます」→「連絡するよ」

オンラインで映画を観る

Have you seen the new Tom Cruise movie?
トム・クルーズの新作、観た？

No, I haven't. Why are you asking?
いや、観てない。どうして？

It's playing in all the theaters.
今、どこの映画館でもやってるよ。

I'm too busy to go to a theater.
How about we watch it online?
忙しすぎて映画館に行けないんだ。
オンラインで観るのはどう？

Okay, great!!
ああ、いいね！

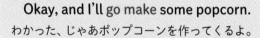

Okay, and I'll go make some popcorn.
わかった、じゃあポップコーンを作ってくるよ。

＊ Why are you asking? は「なぜそんなことを聞くの？」→「どうして？」
というニュアンス。
＊ この play は「上映している」。

新しい店に誘う

Let's try the new restaurant.
新しいレストランに行ってみよう。

I'm not sure about that place.
その店はよくわからないな。

Come on, it'll be fun.
行こうよ、楽しいよ。

Alright, let's give it a try.
わかった、行ってみよう。

Great, I'm excited !
いいね、楽しみだ！

Me too, let's go.
僕もだ、さぁ行こう。

＊会話中での place は特定の店を指します。
＊Come on 「さあさあ」「早く早く」といった誘い文句。
＊give it a try 「試してみる」
＊I'm excited！ 「興奮した」→「楽しみだ」。

アポをとる

Is next week convenient for you?
来週は都合いいですか？

Maybe.
May I ask, what day were you thinking?
多分。失礼ですが、何曜日をお考えですか？

How about Wednesday at 2 PM?
水曜日の午後2時はどうですか？

That works for me.
大丈夫です。

Let's meet at our office.
I'll send you the address.
うちのオフィスで会いましょう。住所を送りますね。

Sounds good. I'll see you then.
わかりました。では、また。

* Is ... convenient for you?
 「〜は都合いいですか？」、予定を聞く時の定番表現。
* May I ask 「失礼ですが」
* How about ...? 「〜はどうですか？」
* That works for me. 「それは私に都合がいい」→「大丈夫です」
* I'll see you then. 「その時に会いましょう」→「では、また」

車かバスか

Can you give me a ride?
車で送ってくれる？

Sorry, my car is broken.
ごめん、車が故障してるんだ。

That's okay, I'll take the bus.
それなら大丈夫、バスで行くよ。

Let me know if you need anything else.
他に必要なことがあれば言ってね。

Thanks. See you next week.
ありがとう。来週会おう。

See you!
じゃあね！

* give me a ride 「車で乗せてもらう」
* Let me know if you ... 「もし〜なら教えて」

ホテルに到着

 Could you help me find my room?
部屋を探すのを手伝ってもらえますか?

Of course! You have room 101.
Come with me and I'll show you the way.
もちろんです! 101号室ですね。
こちらへどうぞ、ご案内いたします。

Thank you.
Could you give me a wake-up call at 7:00?
ありがとうございます。
7時にモーニングコールをお願いできますか?

Sure! We'll give a call and
the wake-up music will play for 15 minutes.
はい! 電話を差し上げると
15分間モーニングコールが流れます。

I also want to try the breakfast buffet.
朝食のビュッフェも食べてみたいんですけど。

Let me see. It starts from 6 AM.
You need to come to the first floor by 8:30.
I hope you get to enjoy it!
ええっと。朝6時からです。
8:30までに1階に来てください。お楽しみください!

ホテルでチェックイン

Hello, I'd like to check in.
こんにちは、チェックインしたいのですが。

Okay, just put your name down here.
わかりました、ここにお名前をお書きください。

Oh, where should I put my luggage?
あ、荷物はどこに置けばいいですか?

**Just put it here and
I'll have someone take it to your room.**
ここに置いてください、
そうしたらお部屋まで持って行かせます。

Thanks! Could you give me a quiet room?
ありがとうございます!
静かな部屋をお願いできますか?

Certainly. We'll put you in Room 387.
承知しました。387号室をご用意します。

＊ I'd like to ...　「〜したいのですが」
＊ put one's name down　「名前を書き込む」
＊ I'll have someone take it to your room.　「誰かにお部屋までそれを
　持って行かせます」→「お部屋まで持って行かせます」。
＊ We'll put you in Room 387.
　「あなたを387号室にします」→「387号室をご用意します」。

プールはありますか？

Excuse me,
does this hotel have a swimming pool?
すみません、このホテルにプールはありますか？

Yes, we do. It's on the third floor.
はい。3階にございます。

Great. What are the hours?
よかった。営業時間は？

The pool is open from 7 AM to 10 PM.
プールは朝7時から夜10時まで営業しております。

Do I need to bring my own towel?
タオルは持参する必要がありますか？

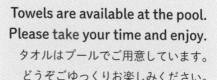
Towels are available at the pool.
Please take your time and enjoy.
タオルはプールでご用意しています。
どうぞごゆっくりお楽しみください。

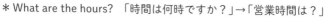

＊ What are the hours? 「時間は何時ですか？」→「営業時間は？」
＊ Please take your time. 「どうぞゆっくり過ごしてください」

間違い電話

Hi, is this the tour company?
もしもし、ツアー会社ですか？

I'm sorry, but you have the wrong number.
すみませんが、番号をお間違えですよ。

Oh, I apologize.
I must have dialed incorrectly.
あ、申し訳ありません。間違ってかけてしまいました。

That's okay. It happens. Have a nice day!
大丈夫、よくあることです。良い一日を！

You too, thank you.
あなたも、ありがとうございます。

You're welcome. Goodbye!
どういたしまして。では！

＊ Hi, is this ...?
「もしもし、〜ですか？」は、電話をかける時の決まり文句。
＊ I must have ... incorrectly 「間違えて〜してしまいました」
＊ Have a nice day! 「良い1日を！」は別れ際の定番表現。
＊ You too 「あなたも」は、相手にも同じ言葉を送る時の決まり文句。

ヘアサロンで

Hi, I'd like to get a haircut. Can you help?
こんにちは、髪を切りたいんです。お願いできますか？

Of course! Do you have a style in mind?
もちろんです！　スタイルはお決まりですか？

I'd like a short bob.
Can I see some pictures to choose from?
ショートボブにしたいんですが。
候補の写真、見せてもらえます？

Here are some options. Let's try this one.
ここにいくつかありますよ。これにしてみましょう。

I like this. How long will it take?
これがいいですね。時間、どれくらいかかります？

It should take about an hour.
Please have a seat.
1時間くらいです。どうぞおかけください。

＊ get a haircut　「髪を切る」
＊ have a style in mind
　「スタイルが心の中にある」→「スタイルが決まっている」。
＊ Can I see some pictures to choose from?　「選べる写真を見せてもら
　えますか？」→「候補の写真を見せてもらえますか？」。
＊ have a seat　「席に座る」

ホームパーティーで

Thank you for inviting me.
Your house is lovely.
お招きいただきありがとうございます。
素敵なお宅ですね。

I'm glad you like it. Come, let's have lunch.
気に入っていただけてうれしいです。
さあ、ランチにしましょう。

This looks delicious. Did you make it yourself?
これはおいしそうですね。自分で作ったんですか？

Yes, I did. I love to play around
with new recipies.
ええ、そうなんです。
新しいレシピを試すのが好きなんです。

It's really good! Could I get the recipe?
本当においしい！　レシピをもらえますか？

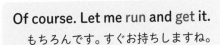

Of course. Let me run and get it.
もちろんです。すぐお持ちしますね。

* Come, let's have lunch.
「来て、ランチを食べましょう」→「さあ、ランチにしましょう」。
* play around with new recipies
「新しいレシピで遊ぶ」→「新しいレシピを試す」。

駅に行きたい

Excuse me. I think I'm lost.
すみません。道に迷ったみたいなんですが。

No worries! Where are you trying to go?
大丈夫ですよ！　どちらへ？

I'm trying to get to Central Station.
中央駅に行きたいんです。

**Go straight, then take the second right.
The trains start running from 7:00 today.**
まっすぐ行って、2本目を右折してください。
電車は今日、7時から動いてます。

**Thank you. Let me ask,
do you know where I can get a map?**
ありがとうございます。お聞きしたいのですが、
地図はどこで手に入りますか？

**Sure, you can get one at the
information center over there.**
ああ、あそこの案内所でもらえますよ。

＊ I think ...　「私は〜だと思います」→「〜したみたいだ」。

バスで美術館へ

Good morning.
Does this bus go to the museum?
おはようございます。このバス、美術館まで行きます？

Yes, but it only runs five times a day.
はい、でも1日5便しかありません。

That's okay. How much is the bus fare?
大丈夫です。バスの運賃はいくらですか？

It's 3 dollars.
You can put the fare in the box on the bus.
3ドルです。運賃はバスの箱に入れてください。

Thanks for your help!
どうもありがとう！

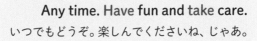

Any time. Have fun and take care.
いつでもどうぞ。楽しんでくださいね、じゃあ。

美術館で ①

Could you help me?
I'm trying to find the museum.
ちょっといいですか？　美術館を探しているのですが。

Of course! Go straight for two blocks,
then make a left.
わかりました！　2ブロックまっすぐ行って、
左折してください。

Thank you. Can I take photos in the museum?
ありがとうございます。
館内で写真を撮ってもいいですか？

I'm not sure. Try asking at the front desk.
どうでしょう。フロントで聞いてみてください。

And is there a place
where I can get a cup of coffee?
あと、コーヒーを飲める所、あります？

Yes, on the first floor.
Please come back if you need anything else.
はい、1階にあります。
他に何かありましたら、またお越しください。

＊ Could you help me?　「助けてくれますか？」→「ちょっといいですか？」。

美術館で ②

Excuse me, where can I get a ticket?
すみません、チケットはどこで買えますか？

You can buy one at the counter over there.
あそこのカウンターで買えますよ。

Thank you.
Are photos allowed in the museum?
ありがとうございます。
美術館の中での撮影は可能ですか？

Yes, but please don't use flash.
はい、でもフラッシュは使わないでください。

Got it! Is there a guided tour?
了解！　ガイドツアーはありますか？

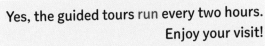
Yes, the guided tours run every two hours.
Enjoy your visit!
はい、ガイドツアーは2時間おきにやっています。
どうぞお楽しみください！

＊ You can ... 「～できますよ」
＊ Are ... allowed? 「～は許されていますか？」→「～は可能ですか？」
＊ run every two hours 「2時間おきに運行している（やっている）」

カフェでオーダーする

 Could I have a menu, please?
メニューをいただけますか？

Sure. I'll run and get it for you.
はい。急いで取ってきますね。

 Thank you. I'll take a cappuccino, please.
ありがとうございます。カプチーノをお願いします。

Would you like anything to eat?
何かお召し上がりになりますか？

 I'll have a slice of chocolate cake, please.
チョコレートケーキをひとつお願いします。

Sure, your order will be right out.
はい、すぐご用意します。

＊ Could I have a menu, please? 「メニューを持つことはできますか？」
→「メニューをいただけますか？」。

＊ I'll run and get it for you. 「走ってあなたのためにそれを取ってきます」→「急いで取ってきます」。

＊ I'll take a cappuccino.
「カプチーノをもらいます」→「カプチーノをお願いします」。

＊ Your order will be right out. 「あなたの注文したものはすぐに出てくるだろう」→「ご注文の品をすぐにご用意します」。

靴を買う

Hi, I'm looking for a good pair of hiking boots. Could you help me?
こんにちは、登山靴(くつ)を探しているんですが。
ちょっといいですか？

Sure! What size do you take?
はい！　サイズはおいくつですか？

I'm not sure, can I try on a few pairs?
わからないんで、何足か試せます？

Of course! Here, see if these fit.
もちろんです！
どうぞ、サイズが合うか確認してみてください。

These are comfortable. How much are they?
はき心地がいいですね。おいくらですか？

They're 10,000 yen.
Should I put them in a bag for you?
10,000円です。袋にお入れしましょうか？

* Could you help me?
「手伝ってもらえますか？」→「ちょっといいですか？」。
* What size do you take?
「どのサイズをはいていますか？」→「サイズは何ですか？」。
* see if these fit 「これらが合うかどうか確認する」→「サイズが合う
か確認する」。靴は2足で1セットなので複数形です。

プリンタが壊れた

**Hello. I have a problem with my printer.
It stopped running.**
こんにちは。プリンタに問題があって。
動かなくなったんです。

Let me give it a look. Does a light go on?
ちょっと見させてください。ランプはつきますか？

No, it doesn't. Sorry, I need to run to the bank.
いいえ、つきません。
すみません、銀行に急いで行かないと。

Okay. I'll play with it and see what I can do.
わかりました。何かできることがないか、試してみます。

Great. I hope you can make it work.
いいですね。動くといいんですが。

Well, I'll give it my best shot.
ええ、頑張ります。

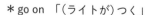

* go on 「（ライトが）つく」
* play with ... 「〜についてあれこれと考える」
* give one's best shot 「ベストを尽くす」→「頑張る」

タクシーを予約して空港へ

I need to get to the airport by 3:00.
If I leave at 2:00, can I make it?

3時までに空港に着かないと。
2時に出発すれば、間に合うかな？

I think so. Do you want me to make a call and
reserve a taxi? My friend runs a taxi service.

そうだね。電話してタクシーを予約しようか？
友達がタクシー会社を経営しているんだ。

Could you make it for a little before 2:00?

2時少し前に間に合わせてもらえる？

Okay, sure. You don't want to take the bus?

うん、わかった。バスには乗りたくないんだね？

Not if I can help it. Sorry make you wait.

できれば乗りたくないんだ。待たせてごめん。

No problem. Take your time.

大丈夫。ゆっくりでいいよ。

＊ make a call 「電話する」
＊ run a taxi service 「タクシー会社を経営する」
＊ make it 「間に合う」

タクシーで空港へ

Hi, can you take me to the airport?
こんにちは、空港までお願いできますか？

Of course.
Do you know which terminal you need?
はい。どちらのターミナルかわかりますか？

Terminal 2, please. How long will it take?
ターミナル2へお願いします。どのくらいかかります？

It should take about 30 minutes.
30分ほどかかるでしょう。

Alright, thank you.
Can I pay with a credit card?
わかりました、ありがとうございます。
クレジットカードで支払えますか？

Sure. Please make yourself comfortable.
はい。ごゆっくりおくつろぎください。

* Do you know which terminal you need? 「どのターミナルに（行く）必要があるか知っていますか？」→「どのターミナルかわかりますか？」
* How long will it take? 「どれくらいかかりますか？」、時間をたずねる表現。
* Please make yourself comfortable. 「ごゆっくりおくつろぎください」、客をもてなす時の決まり文句。

空港でチェックイン

Where can I check in for my flight?
フライトのチェックインはどこでできますか？

The check-in counters are over there.
チェックインカウンターはあちらです。

Thank you.
And where are the departure gates?
ありがとうございます。出発ゲートはどこですか？

On the second floor.
You can take the escalator.
2階です。エスカレーターをご利用いただけます。

Great! Where can I get some snacks
before the flight?
よかった！　フライト前に軽食を買いたいんだけど、
どこで買えます？

We have a lot of shops and restaurants here.
Let me give you a coupon.
ここにはたくさんのお店やレストランがあります。
クーポンを差し上げます。

＊ take the escalator 「エスカレーターに乗る」
＊ Let me give you a coupon.
「クーポンを与えさせてください」→「クーポンを差し上げます」。

ネイティブは「なまけ者？」

　実はネイティブは「なまけ者」です。

　日本人が暗記している大学入試用の単語集を見たら、ネイティブの誰もが驚くはず。

　なぜかと言えば、あんなにむずかしい単語を日常的に使っている人は、そういないからです。

　もちろん論文や、会社などのフォーマルなやり取りでは、むずかしい単語も使います。

　しかし、日常英会話では基本動詞を使い回し、できるだけ短い動詞と前置詞・副詞の組み合わせで、あらゆることを表現しようとするのがネイティブの英語です。

　同じことを簡単な単語で言えるなら、わざわざむずかしい単語を使わず、楽した方がいいですよね？

　そう、なまけ者のネイティブは、楽な表現を好むのです！

　英語がなぜ世界中で使われているかと言えば、簡単だからです。

　あえてむずかしい単語を使う必要はありません。

　英語は簡単に言い換えられるから良いんです。

　まずは15動詞とその使い方を覚えて、日常英会話を楽しめるようになりましょう！

Epilogue

ネイティブがよく使う15動詞、いかがでしたか？

ぜひ使いこなして、英語の世界を広げてください。

　繰り返しになりますが、この本で紹介した15動詞さえマスターすれば、ほぼ日常生活では困ることのない表現力が身につきます。

　皆さんとどこかで、この15動詞を使っていろいろなやりとりができることを楽しみにしています。

デイビッド・セイン

【著者紹介】

デイビッド・セイン (David Thayne)

米国出身。米国の証券会社に勤務後、来日。「日米ネイティブ」として、日常会話からビジネス英語、TOEICまで幅広く指導中。日本人の得手不得手をしっかりふまえた英語学習法で世代を問わず支持されている（著書の累計部数は400万部を超える）。
日経・朝日・毎日新聞・Japan Times等での連載や、オンライン英語学校ワールドフレンズ主宰、英語教材やコンテンツの制作等を手がける。
著書に『10年ぶりの英語なのに話せた！ あてはめて使うだけ 英語の超万能フレーズ78』（アスコム）、『58パターンで1200フレーズ ペラペラ英会話』（主婦の友社）、『その英語、ネイティブはカチンときます』（青春出版社）など多数。
AtoZ English 英会話スクール：https://www.smartenglish.co.jp/

カバーデザイン：喜來詩織（エントツ）
カバー・本文イラスト：しゃもた

ネイティブ流シンプル英語
日常・旅先・メール・SNS
英語 ネイティブが使うのは
たった15動詞！

発行日	2023年 9月16日	第1版第1刷
	2023年11月28日	第1版第2刷

著　者　デイビッド・セイン

発行者　斉藤　和邦
発行所　株式会社　秀和システム
　　　　〒135-0016
　　　　東京都江東区東陽2-4-2　新宮ビル2F
　　　　Tel 03-6264-3105（販売）Fax 03-6264-3094
印刷所　日経印刷株式会社　　　　　Printed in Japan

ISBN978-4-7980-7093-3 C0082